第一式起势
第二式右揽雀尾
第三式左单鞭
第四式提手上势
第五式白鹤亮翅
第六式左右搂膝拗步
第七式手挥琵琶
第八式进步搬拦捶
第九式如封似闭
第十式十字手
第十一式左揽雀尾
第十二式右单鞭
第十三式右下势
第十四式金鸡独立
第十五式左右倒卷肱
第十六式右海底针
第十七式左闪通背
第十八式撇身捶
第十九式肘底看捶
第二十式左右野马分鬃
第二十一式玉女穿梭
第二十二式左云手
第二十三式右高探马
第二十四式右分脚
第二十五式左分脚
第二十六式左右打虎
第二十七式右蹬脚
第二十八式双峰贯耳
第二十九式斜飞势
第三十式右迎面掌
第三十一式十字拍脚
第三十二式搂膝左栽捶
第三十三式左海底针
第三十四式右闪通背
第三十五式右云手
第三十六式左高探马
第三十七式回身指裆捶
第三十八式左下势
第三十九式上步七星
第四十式退步跨虎
第四十一式左迎面掌
第四十二式转身摆莲
第四十三式弯弓射虎
第四十四式退步搬拦捶
第四十五式收势

吴式太极拳标准宝典

竞赛套路

Wushi Taijiquan Biaozhun Baodian

太极名家传承——以规矩成方圆

刘伟 编著

吴式太极拳四十五式标准动作示范者
蝉联九届全国武术锦标赛吴式太极拳冠军
吴式太极拳第五代传承人

人民体育出版社

吴　彬 题字

中国武术九段、中国武术协会副主席、国家武术研究院专家委员会专家

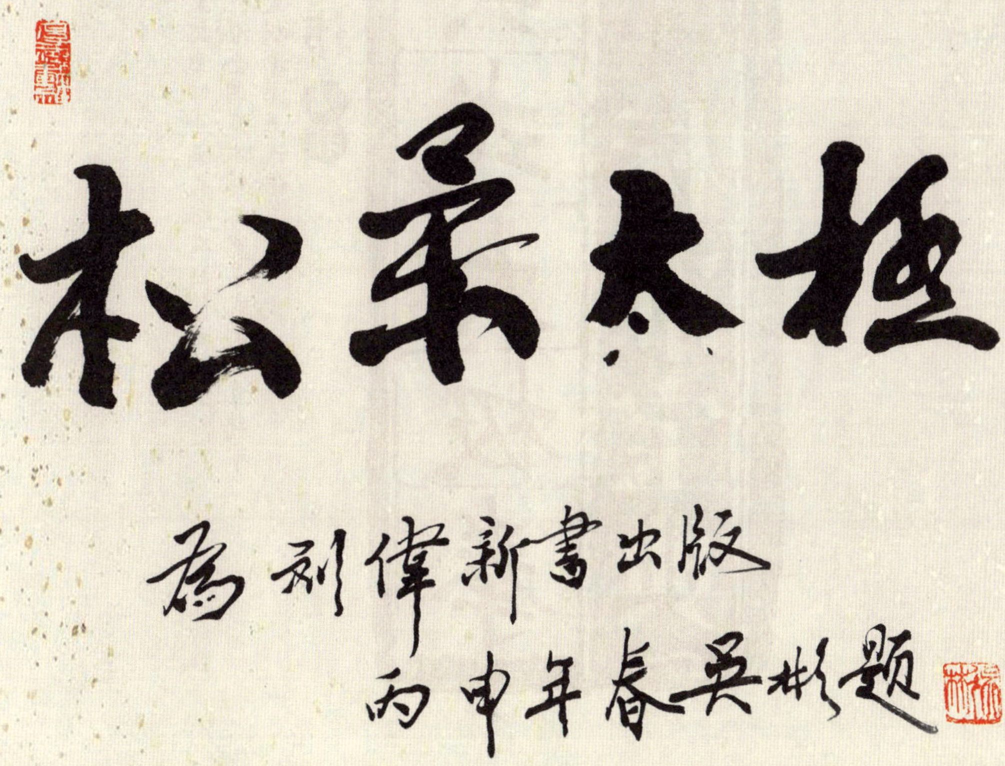

刘伟与吴彬合影

门惠丰 题字

中国武术九段、中国武术协会副主席、国家武术研究院专家委员会专家、

东岳太极拳创始人

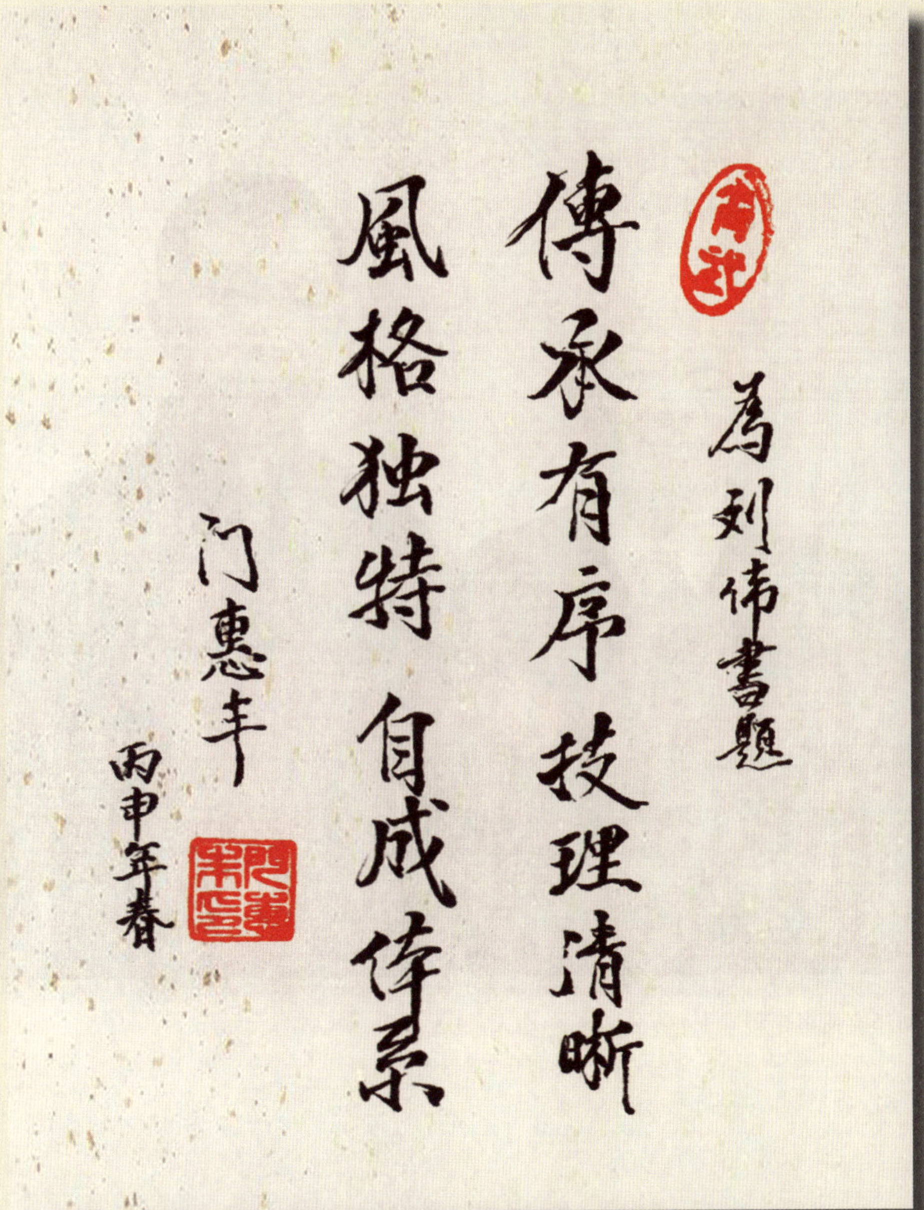

刘伟与门惠丰合影

陈国荣 题字

国家体育总局武术运动管理中心副主任、中国武术协会副主席、
国际武术联合会技术委员会主任

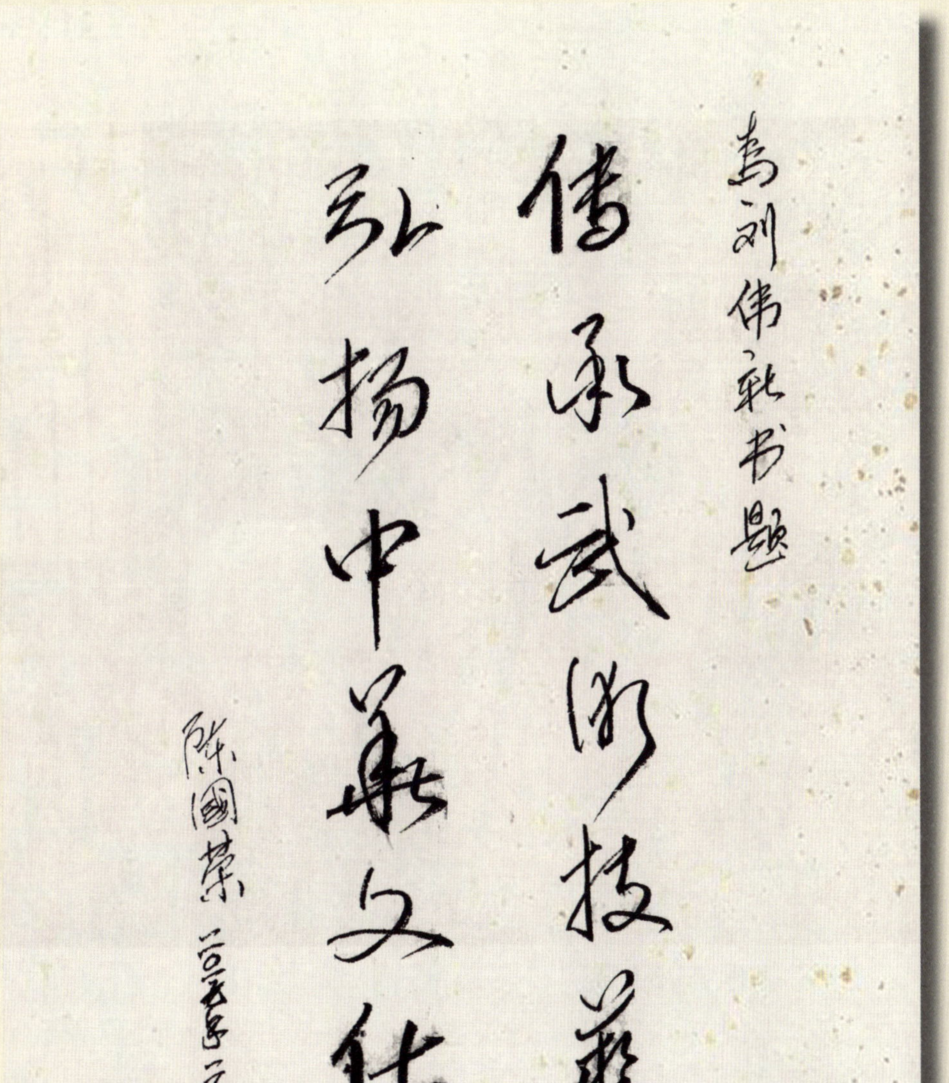

刘伟与陈国荣合影

作者简介

刘伟，太极拳名家，中国武术七段、国家级运动健将、国家级社会体育指导员、国家级裁判员，吴式太极拳第五代正宗传人，河北派形意拳第六代正宗传人，程派八卦掌第五代正宗传人，吴式太极拳非物质文化遗产传承人。北京市吴式太极拳研究会会长，中华武术大学堂太极拳名家讲堂资深专家导师。

刘伟，1967年生于北京，少年时开蒙于形意拳名家骆大成先生，后拜吴式太极拳名家李秉慈先生为师，研习吴式太极拳。经李秉慈先生引荐，他又师从太极拳大师李经梧先生学习陈式太极拳及推手，后与八卦掌、形意拳名家王世祥先生结缘，大学时又得益于门惠丰先生……

其历经名家传授，几十年来练拳不辍，集各家所长，练就了一身扎实的上乘功夫，终形成自己独特的风格和特点，尤擅长吴式太极拳、形意拳和八卦掌。

精通各式太极拳，尤其擅长吴式太极拳的刘伟，曾蝉联九届全国武术锦标赛吴式太极拳冠军，在国际、国内各大太极拳比赛中，荣获金牌三十余枚。吴式太极拳竞赛套路四十五式规定套路创编时，刘伟被指定为规定套路的标准动作示范者。

近二十年以来，刘伟以国家级武术裁判员、国家级社会体育指导员和专家等身份，为中国武术研究院、中国武术协会、国家体育总局武术运动管理中心的各类比赛担任裁判工作，参与太极拳段位制评定，培训全民健身社会指导员。为弘扬中华武术，他多次应邀出访日本、澳大利亚、英国、法国等国家和中国香港、澳门地区，进行武术太极拳教学和交流活动。

由于一直工作在武术训练教学一线，凭借几十年的教学训练工作，他积累了丰富的教学经验，培养出多位全国及世界武术冠军。他担任北京武术队太极拳项目教练员期间，培养指导了孔祥东、范雪萍等知名运动员；还担任过中国武术国家队教练员；多次参加由国家体育总局举办的“武术专家西部行”“东北三省武术展示推广活动”等活动。

2009年，他接受了向全球播送的中央电视台国际频道《体育在线》栏目的专访；同年，受到北京电视台《京城健身潮》栏目采访；2011年，为北京电视台《养生堂》节目特邀嘉宾；2014年，担任世界太极拳锦标赛中国国家队教练员；2015年赴英、法等欧洲国家进行展示交流……

1988年北京，吴式太极拳竞赛套路四十五式规定套路创编时，刘伟即为规定套路的标准动作示范者。图为当时李秉慈老师指导刘伟练习斜飞势动作

序一

薪火相传

李秉慈

刘伟是从1984年跟我学习吴式太极拳的，当时他还在上中学。我对他的教法和要求都是按照当年我的老师对我的教法和要求来做的，同时又按照国家少年体校、业余体校的科学训练方法进行训练，对他的技术要求非常严格，所以刘伟的基本功练得很扎实。

可以说刘伟是改革开放以后第一批太极拳的优秀运动员，因为以前没有像我这样的老师，没有像他这样的学生，也从没有过太极拳的传承按照国家的培养体制和科学的训练方法按部就班这样一路走过来。

当时教他们这些小孩子练吴式太极拳，我的目的是想从少年抓起，继承发扬中国的太极拳。我总感觉，他们会担负起比我们更重的担子，太极拳的继承与发扬更要靠他们这一代。

教这些当时在校的学生，不像在社会上教普通的武术爱好者，培养他们，一路看着他们上中学、上大学，他们身处学校的环境，可以更好地传播太极拳，影响更多的学生。

我总跟刘伟说，你们小年轻的练拳不能跟老头一样，练，就得一趟一趟下功夫练，等你练完你自己该练的，老师再给规整动作。当年每天都要求他

练好几遍功，练完功后再找自己的不足。所以，从中学到大学，刘伟始终规规矩矩、扎扎实实、一步一个脚印地练功、练拳，逐渐成长为一名优秀的运动员。这个过程是很不容易的。

吴式太极拳松静柔化、紧凑舒身、斜中寓正、川字步型，具有鲜明的风格特点。四十五式是国家体育总局组织编写的竞赛套路，是为了让吴式太极拳规范化、标准化，使之更适合推广、比赛和表演。它既保留了传统吴式太极拳套路的风格、特点及技术要领，又不失创新与发展，受到广大武术运动员与太极拳爱好者的欢迎，对吴式太极拳的普及起到了很大的推动作用。吴式太极拳四十五式创编时，刘伟即为规定套路的标准动作示范者。

各家的套路都应该有个规范的东西，如果没了规范，传播也就散漫了，得有标准，让后代、后辈有规可循，这就是规范、规矩，是今后发展的方向。太极拳传承了这么多年，更要有章有法，传出一代、两代、三代不走样，才叫经得起考验。如今，太极拳越来越受到人们的喜爱，在这样的大形势下，规范就更加重要。

身形、步法，刘伟练得规范，文字、图片、出书也是为了让吴式太极拳的传播更加规范。

无论是练拳、写书还是做人，都要有一丝不苟的精神，要认真负责，对得起自己，对得起老一辈太极拳家，更对得起后代及喜爱、学练太极拳的人。

刘伟的书，凝结了他多年训练和教学的经验，他的动作有浓郁纯正的吴式太极拳风格，他的讲解注重拳理，攻防、健身兼备，我相信阅读此书，一定会对太极拳爱好者有所帮助。

李秉慈

2017年6月8日

1993年，刘伟参加第1届国际太极拳比赛获奖后和恩师李秉慈先生合影
李秉慈老师和张纪修老师当时是中国队教练

刘伟经常去看望恩师李秉慈夫妇

序二

传统太极守望者

《中华武术》杂志　王涛

北京的冬天有一种彻骨的清冽，这一天没有风，阳光很好。从温暖冬日阳光里走来的刘伟，身边是国子监围墙浓重的一抹红，他走过高大古槐下晒太阳的老人，湛蓝色天空中飞翔的鸽子撒下一地清脆的哨音。

短发，一双锐眼，一脸淡定——这是刘伟一贯的形象。

他身上，混合着复杂的气质。谈笑间流露出江湖的味道；而凌厉的眼神却暴露出专业运动员特有的精气神；说话的时候声音抑扬顿挫，夹杂着丰富的手势，教练员范儿十足；而条理清晰地表述又散发出浓郁的学院派味道。

“我两三岁的时候，感冒发烧到医院看病，结果青霉素注射过量，导致药物中毒。算是医疗事故吧，造血机能给破坏了，血色素特别低，鼻子总是流血，止不住。”依然还是调侃的口气。

父母抱着刘伟四处寻医问药，跑遍了北京的医院却查不出病因，最后确诊是在天津。

“天津有一个部队的血液研究所，现在这家医院早已经没有了。一位姓

龚的大夫是我的主治医师，我被确诊为再生障碍性贫血。”

多年后，刘伟和幼时的主治大夫龚大夫重逢

刘伟说，那段时间平均两个月就要去天津输一次血，家里人跟着他受了很多罪，“父母把能卖的都卖了，还要申请单位补助。”说这话时，刘伟的眼睛里滑过一丝灰暗，但立刻又绽放出明朗：“神了吧，我前两年在北京又找到了那位龚大夫，她已经七十多岁了，她还记得我呢，我是她当时年龄最小的一个患者。”

“我还抽过骨髓呢，记得大针管儿特粗。有病的人可能比正常人更加敏感，小时候发生的事我也奇怪怎么会记得那么清楚。”也许，正是不幸的童年，使得刘伟对周围环境有着十分敏锐的观察和独特的剖析角度，他坚信自己的判断和感觉，执着于自己的追求，不会轻易屈服于挫折和压力。“上小学以后，同学们都把我当成玻璃人，不敢碰我，其他孩子家长都嘱咐他们的孩子不要跟我玩儿。所以我一直就感觉我和其他人不一样，我的童年很孤单。”

有一年放寒假，路过东单体育馆的时候，刘伟注意到墙上挂着块黑板，上边写着招收武术学员的信息。在家人的支持下，刘伟进入东城武馆的形意拳班，教练员是形意拳名家骆大成。“当时武术在北京很火，骆老师的班有八十多人，他从来没有正眼看过我这个骨瘦如柴的病小子，连我叫什么名字都不知道。”一年以后，绝大多数人都觉得武术并不像电影里那样出神入化，也忍受不了形意拳每天三体式站桩的枯燥，扛不住的纷纷走了。对于刘伟来

1985年，刘伟（左三）和老师骆大成（右三）合影

少年刘伟学拳

说，武术是他孤单童年唯一的寄托，所以他比其他人多了股认真和狠劲儿，坚持了下来。“每天出点儿汗，身体也好像硬朗了许多，武术是我全部的业余生活，练完拳回家的路上，我都会一直在胡同里边走边比画。”

骆大成逐渐注意到了刘伟，他发现这个刚开始进班时满脸菜色的小小

1989年，刘伟与吴式太极拳第三代传人吴英华、马岳梁前辈在上海合影

1989年，李经梧师伯传授刘伟陈式太极拳

子，虽然身体素质不好，但是经过一年的刻苦训练，身体壮实了，动作越来越有样儿，天生优异的身体协调能力也逐渐显露出来。

练习形意拳一年后，刘伟就在北京市武术比赛中获得少年组形意拳冠军。“当时老骆还表扬我呢：这回比赛咱们刘伟露脸了，总裁判长说了，其他的没注意，就记得一个小孩练形意拳，真有股子劲头。说的就是咱们刘伟。当时听着骆老师的表扬，我心里可美了。”

1984年，吴式太极拳第四代传人李秉慈打算培养一批年轻人，于是来到东城武馆挑苗子。内家拳都是相通的，于是李秉慈选中了形意拳班的两男两女，这其中便有日后成了吴式太极拳领军人物的刘伟和宗维洁。

刘伟（右一）与师父李秉慈（前排左一）、师伯李经梧（前排右一）及同门师兄弟合影

1987年，刘伟在中山公园跟随李秉慈老师练拳

“我记得开始练太极拳的头仨月，可烦了。”练惯了气势猛烈的形意拳，刘伟不能适应软绵绵的太极拳。“每天练完形意再去练太极，心里有抵触。一开始是李老师的学生帮我们顺套路，我就闭着眼睛跟着瞎摸，一点儿也不认真。”

练了大约半年以后，有一天，刘伟在打完一趟太极拳后，忽然间产生了感觉。“练形意拳有时候会口干舌燥的，那天练完太极以后身体有一种从未有过的舒服，很轻松、很饱满、很通透的感觉，那是头一次感觉到太极拳的益处，从那儿开始我就认真了。”1986年，刘伟便夺得北京市运动会太极拳冠军。

作为吴式太极拳传人，回忆起李秉慈老师当年教自己吴式太极拳的情景，刘伟说：“李老师很严格，很细致，很认真。他的教学风格不是精讲巧练，而是那种实实在在、扎扎实实地教你。李老师是教练员出身，拥有专业队的执教经验和相对科学的训练体系，而且真下功夫督促你练。”

★全佑★吴鉴泉、王茂斋、郭松亭、常远亭、夏公甫、齐格忱、英杰臣……★杨禹廷、王子英、赵铁庵、张继之、彭仁轩、修丕勋、王历生、李子固、刘光斗、郑和春、曹幼甫、吴公仪、吴公藻、吴英华、马岳梁、吴耀宗、徐致一、赵铁庵、赵寿村、葛馨吾、王志群、吴图南、吴桐、金寿峰、金云峰……★赵安祥、李砚之、李经梧、孙枫秋、王培生、赵任情、郑时敏、冯士英、张福有、王辉璞、马汉清、戴玉三、李秉慈、翁福麒、刘秀峰、陈云涛、李星峰、周学鳌、傅作义、楚溪春、赵君迈、叶浅予、戴爱莲、张云溪、曾维祺、白玉玺、刘晚苍、修良、修占、孙南馨、吴大揆、吴大齐、吴雁霞、马海龙、马江豹……★马长勋、王举兴、魏东振、刘德启、梁秀珍、刘伟、宗维洁、董红云、王晓

从20世纪80年代开始，刘伟曾蝉联九届全国武术锦标赛吴式太极拳冠军，在国际、国内各大太极拳比赛中，荣获金牌近四十枚

技高 拳美 人精神

——1988年全国太极拳、剑比赛冠军群像

1988年7月10日至13日，全国太极拳、剑比赛在山清水秀的桂林市……来自26个省、区、市及行业体协的115名男女运动员参加了比赛。经过8场252个项次的角逐，上海队获4项第一，列各队之首；北京、广西……队各获两项第一；浙江、云南队各获一项第一。这次比赛各队水平提高，一批新秀后来居上，反映出我国太极拳运动稳步发展的可喜景象。

①广西王增祥摘取男子48式、杨式太极拳两枚金牌
②北京刘伟名列男子吴式太极拳榜首
③上海李荣梅捧走女子48式、杨式太极拳和太极剑三项桂冠
④云南吴云华获得男子孙式太极拳第一名
⑤河南朱天才获得男子陈式太极拳第一名
⑥河南陈素英夺取女子陈式太极拳冠军

1989年

北京晚报

新华社昆明7月10日电（记者周本林）似行云流水，如青藤缠绕。今天上午在昆明揭幕的全国太极拳、剑、推手比赛中，运动员们的精采表演充分展示了这些项目的特点。

太极拳比赛分陈式、杨式、孙式、吴式4种竞赛套路；太极推手只进行男子比赛，共分48、52、56、60、65、70、75、80、85以上等9个级别。

在今天上午进行的男子吴式太极拳比赛中，北京队的刘伟以9.3分的优势取得这一套路的第一名。第二名是河北秦皇岛市的柳军珂。

全国太极赛开幕
北京刘伟获吴式太极拳第一

儿童文学作家金近逝世

本报讯 我国著名作家、中国作协理事、《儿童文学》顾问金近同志因病于1989年7月9日逝世，享年73岁。

金近同志一生从事儿童文学创作，其作品曾被译成多种文字出版和改编为影视片。（秉金）

温布尔登网球赛四项决赛见分晓
贝克尔 格拉夫 分获男女单打冠军

苏联二队……分败北

少年生活……受赞誉

20世纪80年代，《中国体育报》《北京晚报》刊登的刘伟获全国太极拳、剑比赛冠军的新闻

1986年，获北京市第七届运动会太极拳冠军

1991年，获全国太极拳、剑、推手比赛冠军

1995年，赴日本参加第6回日中太极拳交流竞技大会，获得吴式太极拳第一名

2004年，在中国郑州参加世界传统武术节获得吴式太极拳金奖

★全佑★吴鉴泉、王茂斋、郭松亭、常远亭、夏公甫、齐格忱、英杰臣……★杨禹廷、王子英、赵铁庵、张继之、彭仁轩、修丕勋、王历生、李子固、刘光斗、郑和春、曹幼甫、吴公仪、吴公藻、吴英华、马岳梁、吴耀宗、徐致一、赵铁庵、赵寿村、葛馨吾、王志群、吴图南、吴桐、金寿章、金云峰……★赵安祥、李砚之、李经梧、孙枫秋、王培生、赵任情、郑时敏、冯士英、张福有、王辉璞、马汉清、戴玉三、李秉慈、翁福麒、刘秀峰、陈云涛、李星峰、周学鳌、傅作义、楚溪春、赵君迈、叶浅予、戴爱莲、张云溪、曾维琪、白玉玺、刘晚苍、修良、修占、孙南馨、吴大揆、吴大齐、吴雁霞、马海龙、马江豹……★马长勋、王举兴、魏东振、刘德启、梁秀珍、刘伟、宗维洁、董红云、王晓

大学时期的刘伟与同学合影

听很多人说过，刘伟很有功夫，擅长推手和散手。刘伟说：“太极拳是一个整体，具备很多功能，每一个层面都不能忽视，推手好不代表功夫好，套路好也不代表功夫好，只有全面立体地感知太极拳，才可以站得更高，练到更好。”

刘伟说自己练太极拳最大的特点就是比较全面。既重套路，又重推手实战，既专注于太极拳的动作，又悉心探究每个动作技法的内涵。

练习太极拳，刘伟经历了不同的阶段，刚开始只是想通过练武证明自己，每天用心琢磨如何才能把拳打好。“现在练拳的目的已经不再是做好一个动作、练好一套拳法，武术太极拳也不再是我的工作、兴趣，而是我生活的一部分，武术贯穿着我整个的生活，我的人生态度、性格、待人接物的方式、对事物的看法，都潜移默化地受着太极拳的影响。”

汲取了民间武术取之不尽的文化养分，沉淀了高等学府的学术理论的精华，吸纳了专业队科学成熟的训练体系，民间、学院、专业队，刘伟把武术的各个领域走了一圈，之后又回到了基层。

“我在民间习练武术的经历是我的源泉。传统武术是武术的根，没有根就一切都不存在。

“我曾经觉得在大学里没有学到有用的东西，因为所有理论都是需要在实践的基础上产生的，而学校里恰恰缺乏最重要的实践。也因此我拒绝了留

刘伟与吴彬在教学课堂中

在北京体育大学担任老师的机会。”可是多年后，刘伟感慨，“可能当年在大学，我没有具体学到哪一部分的知识，但是那种氛围让我之后的表达和思考更加逻辑化、理性化、条理化，同时我也有机会看到其他体育项目，这些收获在当时没感觉，出了学校以后就逐渐感觉到了它的可贵。大学经历让我掌握了一种方法，无论是在语言表达能力上还是思考问题的高度和角度都与以前不一样了。”

为了支援北京队参加七运会，刘伟大学毕业后直接进入了北京武术队。“在运动队又是一种和过往经历完全不同的体会，是对体能等身体素质全方位的检验和提高。不同于大学的教学，运动队是在训练，需要高强度。”

后来东城武馆的馆长找到北京队的吴彬教练，希望吴彬可以将刘伟“还回”东城武馆挑大梁。之前吴教练的想法是希望刘伟可以在北京队担任队员兼教练员，主抓北京队的太极拳，带一带孔祥东和吴京。“达成了口头协议，北京队有需要，东城武馆随时放行，于是我又回到了东城武馆。”

东城武馆是公办武馆，起初为了将来走上行政岗位而从事教务工作的刘伟却依然我行我素地申请当一名普通教练员，一直到现在。拿过冠军，也带过世界冠军，上过大学，也拒绝过留校，如今的刘伟没有丝毫的浮躁，仍然坚持在最基层传播武术，而且以此为乐。

★全佑★吴鉴泉、王茂斋、郭松亭、常远亭、夏公甫、齐格忱、英杰臣……★杨禹廷、王子英、赵铁庵、张继之、彭仁轩、修丕勋、王历
生、李子固、刘光斗、郑和春、曹幼甫、吴公仪、吴公藻、吴英华、马岳梁、吴耀宗、徐致一、赵铁庵、赵寿村、葛馨吾、王志群、吴图南、吴
桐、金寿章、金云峰……★赵安祥、李砚之、李经梧、孙枫秋、王培生、赵任情、郑时敏、冯士英、张福有、王辉璞、马汉清、戴玉三、李
秉慈、翁福麒、刘秀峰、陈云涛、李星峰、周学鳌、傅作义、楚溪春、赵君迈、叶浅予、戴爱莲、张云溪、曾维琪、白玉玺、刘晚苍、修良、修
占、孙南馨、吴大揆、吴大齐、吴雁霞、马海龙、马江豹……★马长勋、王举兴、魏东振、刘德启、梁秀珍、刘伟、宋维洁、童红云、王晓

刘伟就浸润在这方太极天地中，太极拳成为他思维的延伸。他发现，除了太极拳，他已经无法再去关心别的什么了。传统太极拳弥漫着历史的薄雾，烟尘滚滚。然后，尘埃落定，升腾起来的是朴素无华。刘伟的太极拳，摒除了一切矫揉造作和故弄玄虚，是最为真实的拳法。

刘伟说每天除了练拳外，他还要有很长的时间去思考，比如揽雀尾这个动作，杨式太极拳和陈式太极拳的做法有什么不同?为什么会产生这样的不同?是因为历史的原因还是因为人的原因?是个性做法，还是已经形成了成熟的风格?每个动作都要推敲，推敲它的原理、渊源和发展过程，推敲它为什么会出现不同的做法，采取务实科学的态度，去掉神秘的东西。有时候为了搞清楚一个动作，刘伟会找来古老的拳谱，再把各个名家的拳照摊开来进行比较。

刘伟从18岁就开始教人练拳，让他介绍自己的教拳特色："我比较诚实吧，实话实说，感悟到哪层就说哪层，不会说虚的。"

除了东城武馆的太极拳课程，刘伟没有教太多的学生，"一般都是朋友介绍过来我才帮人看一看动作。"刘伟说，要对自己负责，要对太极拳负责，更要对学生负责。

刘伟加盟《中华武术》杂志举办的"中华武术大学堂太极拳名家讲堂"，教授吴式太极拳四十五式、推手和功法等。当年向国内外推广的四十五式太极拳第一版标准动作示范者就是刘伟。"当时编订这个套路的目的是为了传统太极拳更加适应现代比赛的规则和要求，所以将传统吴式太极拳套路进行了浓缩。套路设计是门惠丰，技术指导是李秉慈。当时李老师也融合了吴鉴泉的技术特点，比如斜飞势、跨虎、搂膝拗步等都参照了吴鉴泉的拳照。这个套路得到了武术界的认可，但是普遍反映技术难度比较大，不太容易掌握，

★全佑★吴鉴泉、王茂斋、郭松亭、常远亭、夏公甫、齐格忱、英杰臣……★杨禹廷、王子英、赵铁庵、张继之、彭仁轩、修不勋、王历生、李子固、刘光斗、郑和春、曹幼甫、吴公仪、吴公藻、吴英华、马岳梁、吴耀宗、徐致一、赵铁庵、赵寿村、葛馨吾、王志群、吴图南、吴桐、金寿章、金云峰……★赵安祥、李砚之、李经梧、孙枫秋、王培生、赵任情、郑时敏、冯士英、张福有、王辉璞、马汉清、戴玉三、李秉慈、翁福麒、刘秀峰、陈云涛、李星峰、周学鳌、傅作义、楚溪春、赵君迈、叶浅予、戴爱莲、张云溪、曾维琪、白玉玺、刘晚苍、修良、修占、孙南馨、吴大揆、吴大齐、吴雁霞、马海龙、马江豹……★马长勋、王举兴、魏东振、刘德启、梁秀珍、刘伟、宗维洁、童红云、王晓

刘伟（左一）加盟“中华武术大学堂太极拳名家讲堂”，教授吴式太极拳

所以普及程度也就没有杨式太极拳和陈式太极拳那么广。”

“对于社会上广大的太极拳爱好者，他们最关心的是每个动作为什么这么做，怎么才能做得更舒服，好看或许不是第一位的，但是实际上动作做舒服了，拳打出来自然也就顺眼了。”

“老拳师常说，练拳形不正、气不顺。我经常对业余习练太极拳的人说，规范不是目的，但是，是必须的过程。你打出一套拳来，目的不是为了像谁，而是要遵循其合理性。就拿最典型的例子来说吧，很多人练太极拳练得膝盖疼，为什么?就是因为不规范、不合理，因为动作的角度不合适，腿和膝关节在重力负担的时候没有形成正确的位置。只要道理通了，这些练拳过程中遇到的问题就会迎刃而解。”

扎根民间传统武术沃土，吸收高等学府理论精髓，借鉴专业队科学训练体系，刘伟的太极拳传授，独具风格。凡是跟刘伟学过拳的人，都感觉收获很大。经过多年的习练和教学经验的总结，刘伟说，他认为学拳有两个重点，第一姿势要正确，第二方法要得当。“姿势是外型，方法是为什么要这么做。比如肘底捶，为什么只能在这个位置，为什么不能高或不能低，这个动作的拳理及技法要弄清楚。因为目前的太极拳爱好者大部分都是自己练，练拳时用

意识引导动作，既然要用意识引导练拳，你就首先得知道内容，不知道内在的涵义，动作只是个架子，套路只是个形式，重复练就会觉得枯燥，枯燥了就可能想再学其他套路。结果是套路学了一个又一个，但实际上每个套路都没有练到应该达到的目的，获得应有的效果。”

刘伟每年都会应邀到国外传拳，日本、澳大利亚、新加坡都有他的学生。他说，现在的武术传承者应该致力走上讲堂，而不要仅仅是一介武夫。不仅能够练出来、讲出来，还要能写出来，要提高综合素质。而刘伟也是这样要求自己的。

欣闻刘伟的大作即将面世，这本书是他磨砺多年的作品，凝聚了他丰富的教学经验，淋漓极致地表达了他对太极拳的深层感悟，相信一定很有实用价值，愿本书的每一位读者都能受益于太极拳。

刘伟的脸上常挂着一种玩世不恭的笑意，似乎是在刻意掩饰他内心太过执拗的一份认真。

他常说太极拳的根在民间，他的根在民间，似乎有些固执，似乎有些不合时宜。

他像一位传统武术的守望者。守望历史、守望传统——是因为在历史中才能脚踏实地地看到未来，在传统中才可以底蕴厚重地激情创新。

刘伟守望的，不仅是真实不加虚浮的拳法，更是一种端正、一种坚持、一种责任、一份内心的宁静。

2017年1月

★全佑★吴鉴泉、王茂斋、郭松亭、常远亭、夏公甫、齐格忱、英杰臣……★杨禹廷、王子英、赵铁庵、张继之、彭仁轩、修丕勋、王历生、李子固、刘光斗、郑和春、曹幼甫、吴公仪、吴公藻、吴英华、马岳梁、吴耀宗、徐致一、赵铁庵、赵寿村、葛馨吾、王志群、吴图南、吴桐、金寿章、金云峰……★赵安祥、李砚之、李经梧、孙枫秋、王培生、赵任情、郑时敏、冯士英、张福有、王辉璞、马汉清、戴玉三、李秉慈、翁福麒、刘秀峰、陈云涛、李星峰、周学鳌、傅作义、楚溪春、赵君迈、叶浅予、戴爱莲、张云溪、曾维琪、白玉玺、刘晚苍、修良、修占、孙南馨、吴大揆、吴大齐、吴雁霞、马海龙、马江豹……★马长勋、王举兴、魏东振、刘德启、梁秀珍、刘伟、宗维洁、童红云、王晓

刘伟与国家体育总局武术运动管理中心主任张秋平合影

武术边疆西部行时，刘伟与国家体育总局武术运动管理中心书记何青龙合影

2014年，全国武术太极拳公开赛刘伟任裁判员

2015年，徐州太极拳公开赛刘伟任裁判员

2016年，第二届全国武术运动大会刘伟任裁判员

2017年，十三届全运会群众项目太极拳决赛刘伟任裁判员

1998年，刘伟在新加坡讲学

2012年，武术边疆西部行中刘伟在授课

澳大利亚学生与刘伟合影

刘伟应体育总局邀请赴欧洲讲学

2016年，刘伟会长主持北京市武术协会吴式太极拳研究会工作会议

2017年，刘伟在中央国家机关太极拳协会举办的“吴式太极拳培训班”授课

★全佑★吴鉴泉、王茂斋、郭松亭、常远亭、夏公甫、齐格忱、英杰臣……★杨禹廷、王子英、赵铁庵、张继之、彭仁轩、修丕勋、王历生、李子固、刘光斗、郑和春、曹幼甫、吴公仪、吴公藻、吴英华、马岳梁、吴耀宗、徐致一、赵寿村、葛馨吾、王志群、吴图南、吴桐、金寿章、金云峰……★赵安祥、李砚之、李经梧、孙枫秋、王培生、赵任情、郑时敏、冯士英、张福有、王辉璞、马汉清、戴玉三、李秉慈、翁福麒、刘秀峰、陈云涛、李星峰、周学鳌、傅作义、楚溪春、赵君迈、叶浅予、戴爱莲、张云溪、曾维琪、白玉玺、刘晚苍、修良、修占、孙南馨、吴大揆、吴大齐、吴雁霞、马海龙、马江豹……★马长勋、王举兴、魏东振、刘德启、梁秀珍、刘伟、宗维洁、童红云、

自序

传承与规范

与太极拳结缘，看似偶然，实为必然。像是冥冥之中此生与她的一场际遇，所有的荣耀和酸楚都与她有关，在数十年如一日的磨砺中，探寻与成长是不变的主题。如今已是知天命之年，习武之往事总是萦绕在脑海。从最初的启蒙老师、形意拳名家骆大成到有知遇之恩的吴式太极拳传人、恩师李秉慈，再到后来成为一生至亲的形意拳、八卦掌师父王世祥，每个老师都在我人生的不同阶段影响深远。太极拳、形意拳、八卦掌，是武术拳种中最具代

刘伟与恩师骆大成合影

刘伟与恩师李秉慈合影

表性的三大内家拳，正是因为与这三位老师前世今生的缘分才幸运得之，数年来一直潜心琢磨，不敢懈怠，力求将这三家所长融会贯通。

我自幼体弱，幼时因医疗事故得上再生障碍性贫血，5岁以前经常每隔两三个月就去医院（原天津259医院解放军血研所）输血，上小学后因身体太差体育课免修，直到1982年我15岁时，开始接触了武术（形意拳），经过几年苦练，身体才逐渐好转。1984年开始学习吴式太极拳，1989年入李秉慈老师门下，此后入北京体育大学，进北京武术队，后回北京东城武术馆，专门从事武术、太极拳的研究和教学工作。三十多年，我坚持练功，从未懈怠，深感练习武术、太极拳的裨益，为此也希望在传承和普及推广这一民族宝贵文化遗产、提高大众的身心健康方面多做一些事情。

刘伟与恩师王世祥合影

★全佑★吴鉴泉、王茂斋、郭松亭、常远亭、夏公甫、齐格忱、英杰臣……★杨禹廷、王子英、赵铁庵、张继之、彭仁轩、修丕勋、王历
生、李子固、刘光斗、郑和春、曹幼甫、吴公仪、吴公藻、吴英华、马岳梁、吴耀宗、徐致一、赵铁庵、赵寿村、葛馨吾、王志群、吴图南、吴
桐、金寿章、金云峰……★赵安祥、李砚之、李经梧、孙枫秋、王培生、赵任情、郑时敏、冯士英、张福有、王辉璞、马汉清、戴玉三、李
秉慈、翁福麒、刘秀峰、陈云涛、李星峰、周学鳌、傅作义、楚溪春、赵君迈、叶浅予、戴爱莲、张云溪、曾维琪、白玉玺、刘晚苍、修良、修
占、孙南馨、吴大揆、吴大齐、吴雁霞、马海龙、马江豹……★马长勋、王举兴、魏东振、刘德启、梁秀珍、刘伟、宗维洁、童红云、王晓

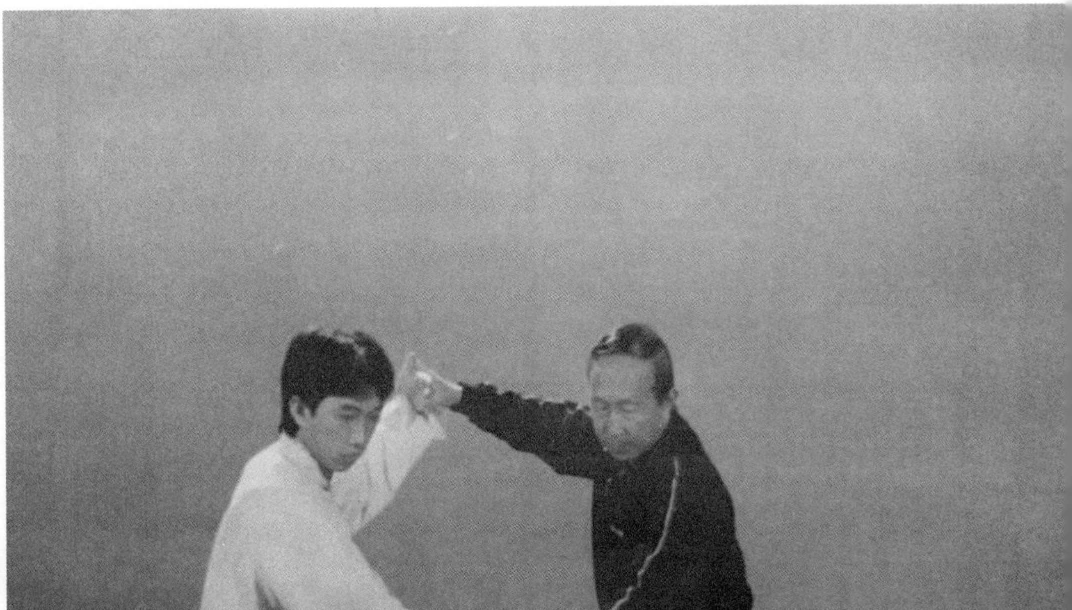

1988年北京，在吴式太极拳竞赛套路四十五式规定套路创编时，刘伟即为规定动作的标准动作示范者。图为当时李秉慈老师指导刘伟练习倒撵猴动作

吴式太极拳竞赛套路，是在1988年底由中国武术研究院和中国武术协会根据太极拳在国内外发展的需要（特别是在比赛和大众传播方面），组织武术界著名传人、专家、学者、教练员、运动员集体创作而成。我有幸作为吴式太极拳的技术动作示范者，亲身参与了这一太极拳发展史上重要的事情。

当年太极拳竞赛套路编写小组是由张文广教授牵头，门惠丰、李秉慈、阚桂香等老师具体负责四式（陈、杨、吴、孙）的技术编写任务。四式太极拳的演示照片是由四位老师完成，演示录像则由运动员（陈式丁杰；杨式林秋萍；吴式刘伟；孙式阮丹萍，后因故换成陈爱萍）完成。整个团队的负责人是张山同志，负责具体工作的是计月娥同志，拍摄工作由当时北京体育学院电教中心负责。专家老师认真、严谨的工作态度，对每个技术环节的反复印证；训练、拍摄严格要求，最后高标准、高质量地完成任务，这种对武术事业负责任、勇于担当的精神使我终生难忘，我作为吴式太极拳技术动作示范的运动员，受益良多。

吴式太极拳竞赛套路，以北方吴式风格为主，兼收南方吴式技术风格，比较全面地体现了吴式太极拳的特点和风格。套路内容丰富、风格突出、意形并重、虚实分明、动作规范、结构严谨、布局合理，套路动作轻松自然、柔和连绵、细腻灵活，既适于比赛、表演、展示，也适合健身养生。几十年来，吴式太极拳竞赛套路在国内外得到了广泛的传播和发展，影响很大。

我从当年二十出头到如今知天命的岁数，经几十年传播、传授、发展，对竞赛套路的技艺理解日益精细丰富，对套路技术结构风格更趋完善，与此同时，我也发现不少关于习练吴式太极拳以及授课、比赛中的误解和存在的现实问题：

1.辗转传播过程中，拳势不规范、走样，技法丢失。

2.演练多偏重于表演、比赛，对吴式太极拳风格、特点随意歪曲臆造（主要是在步法、身法和手法方面）。

3.很多人误认为竞赛套路就是为专业运动员提供的套路，不具备传统太极拳的技术特点。

4.长期不规范的练习，造成人们对吴式太极拳的误解和片面认识……

我在多年的教学、训练、推广过程中，深感此弊，故此推出这本吴式太极拳标准宝典。本书规范、标准、合理、详细地解读吴式太极拳拳架，明确动作路线、方向和起止点，分析讲解技术动作，真正为吴式太极拳爱好者能够在平时练习、训练、讲课、辅导等过程中提供规范的依据。书中图文解析的拳理和功架不仅适合初学者，而且适用于有一定基础的吴式太极拳爱好者，对专业运动员和教练员在训练、比赛中也有一定的指导意义。

规矩、规范、标准不是我们习练太极拳的最终目的，但这应该是招熟渐悟的前提和基础，不可或缺的必经过程和阶段，是提高技艺的关键基础。希望此书在重视传统文化、大力推广和传承过程中起到一点绵薄的正面作用，不负老师对我的谆谆教诲，不负同门、同道对我的殷切期望。

2017年1月1日于北京

★全佑★吴鉴泉、王茂斋、郭松亭、常远亭、夏公甫、齐格忱、英杰臣……★杨禹廷、王子英、赵铁庵、张继之、彭仁轩、修不勋、王历
生、李子固、刘光斗、郑和春、曹幼甫、吴公仪、吴公藻、吴英华、马岳梁、吴耀宗、徐致一、赵铁庵、赵寿村、葛馨吾、王志群、吴图南、吴
桐、金寿章、金云峰……★赵安祥、李砚之、李经梧、孙枫秋、王培生、赵任情、郑时敏、冯士英、张福有、王辉璞、马汉清、戴玉三、李
秉慈、翁福麒、刘秀峰、陈云涛、李星峰、周学鳌、傅作义、楚溪春、赵君迈、叶浅予、戴爱莲、张云溪、曾维琪、白玉玺、刘晚苍、修良、修
占、孙南馨、吴大揆、吴大齐、吴雁霞、马海龙、马江豹……★马长勋、王举兴、魏东振、刘德启、梁秀珍、刘伟、宗维洁、童红云、王晓

預備式 攬雀尾 單鞭 提手上勢
白鶴晾翅 摟膝拗步 手揮琵琶式 進步搬攔捶
如封似閉 抱虎歸山 十字手 攬雀尾
斜單鞭 肘底看捶 倒攆猴 斜飛式
上步搬攔捶 如封似閉 抱虎歸山 十字手
攬雀尾 斜單鞭 野馬分鬃 玉女穿梭 單鞭
雲手 下勢 金雞獨立 倒攆猴
斜飛式 提手上勢 白鶴晾翅 摟膝拗步
海底針 扇通背 撇身捶 進步搬攔捶
攬雀尾 單鞭 雲手 高探馬 撲面掌
十字擺蓮 摟膝指襠捶 上步攬雀尾 單鞭
下勢 上步騎鯨 退步跨虎 轉身擺蓮

甫、齐阁臣等。★第三代传人杨禹廷、王子英、赵铁庵、张继之、彭仁轩、修丕勋、王历生、李子固、刘光斗、郑和春、曹幼甫、陈子和、王步曾、董焕堂、易仲贤、张继芝、李文杰、文朗清、吴季康、吴公仪、吴公藻、吴英华、马岳梁、吴耀宗、徐致一、赵铁庵、赵寿村、葛馨吾、王志群、吴图南、吴桐、金寿章、金云峰等。★第四代传人赵安祥、李砚之、李经梧、孙枫秋、王培生、赵任情、郑时敏、冯士英、张福有、王辉璞、马汉清、戴玉三、李秉慈、翁福麒、刘秀峰、陈云涛、李星峰、周学鳌、傅作义、楚溪春、赵君迈、叶浅予、戴爱莲、张云溪、曾维琪、白玉玺、刘晚苍、修良、修占、孙南馨、吴大揆、吴大齐、吴雁霞、马海龙、马江豹等。★第五代传人马长勋、王举兴、魏东振、刘德启、梁秀珍、刘伟、宗维洁、童红云、王晓燕、项国员、刘玉兰、冯益健、冯志明、李树峻、王大勇、谷平海、吕德和、王乃昭、王乃相、周世勤、高壮飞、关振军、张全亮、王凤锁、潘淑仪、陈湘陵、梁宝根、赵振生、刘亚非、徐徒翔、刘兴基、梅墨生、张旭初、马金龙、张耀忠、刘峻骧、张鸿诚、马文钊、吴光宇等。★吴式太极拳轻静柔化，紧凑舒伸，川字步型，斜中寓正。★第一式起势 第二式右揽雀尾 第三式左单鞭 第四式提手上势 第五式白鹤亮翅 第六式左右搂膝拗步 第七式手挥琵琶 第八式进步搬拦捶 第九式如封似闭 第十式十字手 第十一式左揽雀尾 第十二式右单鞭 第十三式右下势 第十四式金鸡独立 第十五式左右倒卷肱 第十六式右海底针 第十七式左闪通背 第十八式撇身捶 第十九式肘低看捶 第二十式左右野马分鬃 第二十一式玉女穿梭 第二十二式左云手 第二十三式右高探马 第二十四式右分脚 第二十五式左分脚 第二十六式左右打虎 第二十七式右蹬脚 第二十八式双峰贯耳 第二十九式斜飞势 第三十式右迎面掌 第三十一式十字拍脚 第三十二式搂膝左栽捶 第三十三式左海底针 第三十四式右闪通背 第三十五式右云手 第三十六式左高探马 第三十七式回身指裆捶 第三十八式左下势 第三十九式上步七星 第四十式退步跨虎 第四十一式左迎面掌 第四十二式转身摆莲 第四十三式弯弓射虎 第四十四式退步搬拦捶 第四十五式收势 ★吴式太极拳创于全佑。★第二代传人吴鉴泉、王茂斋、郭松亭、常远亭、夏公甫、齐阁臣等。★第三代传人杨禹廷、王子英、赵铁庵、张继之、彭仁轩、修丕勋、王历生、李子固、刘光斗、郑和春、曹幼甫、陈子和、王步曾、董焕堂、易仲贤、张继芝、李文杰、文朗清、吴季康、吴公仪、吴公藻、吴英华、马岳梁、吴耀宗、徐致一、赵铁庵、赵寿村、葛馨吾、王志群、吴图南、吴桐、金寿章、金云峰等。★第四代传人赵安祥、李砚之、李经梧、孙枫秋、王培生、赵任情、郑时敏、冯士英、张福有、王辉璞、马汉清、戴玉三、李秉慈、翁福麒、刘秀峰、陈云涛、李星峰、周学鳌、傅作义、楚溪春、赵君迈、叶浅予、戴爱莲、张云溪、曾维琪、白玉玺、刘晚苍、修良、修占、孙南馨、吴大揆、吴大齐、吴雁霞、马海龙、马江豹等。★第五代传人马长勋、王举兴、魏东振、刘德启、梁秀珍、刘伟、宗维洁、童红云、王晓燕、项国员、刘玉兰、冯益健、冯志明、李树峻、王大勇、谷平海、吕德和、王乃昭、王乃相、周世勤、高壮飞、关振军、张全亮、王凤锁、潘淑仪、陈湘陵、梁宝根、赵振生、刘亚非、徐徒翔、刘兴基、梅墨生、张旭初、马金龙、张耀忠、刘峻骧、张鸿诚、马文钊、吴光宇等。★吴式太极拳轻静柔化，紧凑舒伸，川字步型，斜中寓正。★第一式起势 第二式右揽雀尾 第三式左单鞭 第四式提手上势 第五式白鹤亮翅 第六式左右搂膝拗步 第七式手挥琵琶 第八式进步搬拦捶 第九式如封似闭 第十式十字手 第十一式左揽雀尾 第十二式右单鞭 第十三式右下势 第十四式金鸡独立 第十五式左右倒卷肱 第十六式右海底针 第十七式左闪通背 第十八式撇身捶 第十九式肘低看捶 第二十式左右野马分鬃 第二十一式玉女穿梭 第二十二式左云手 第二十三式右高探马 第二十四式右分脚 第二十五式左分脚 第二十六式左右打虎 第二十七式右蹬脚 第二十八式双峰贯耳 第二十九式斜飞势 第三十式右迎面掌 第三十一式十字拍脚 第三十二式搂膝左栽捶 第三十三式左海底针 第三十四式右闪通背 第三十五式右云手 第三十六式左高探马 第三十七式回身指裆捶 第三十八式左下势 第三十九式上步七星 第四十式退步跨虎 第四十一式左迎面掌 第四十二式转身摆莲 第四十三式弯弓射虎 第四十四式退步搬拦捶 第四十五式收势 ★吴式太极拳创于全佑。★第二代传人吴鉴泉、王茂斋、郭松亭、常远亭、夏公甫、齐阁臣等。★第三代传人杨禹廷、王子英、赵铁庵、张继之、彭仁轩、修丕勋、王历生、李子固、刘光斗、郑和春、曹幼甫、陈子和、王步曾、董焕堂、易仲贤、张继芝、李文杰、文朗清、吴季康、吴公仪、吴公藻、吴英华、马岳梁、吴耀宗、徐致一、赵铁庵、赵寿村、葛馨吾、王志群、吴图南、吴桐、金寿章、金云峰等。★第四代传人赵安祥、李砚之、李经梧、孙枫秋、王培生、赵任情、郑时敏、冯士英、张福有、王辉璞、马汉清、戴玉三、李秉慈、翁福麒、刘秀峰、陈云涛、李星峰、周学鳌、傅作义、楚溪春、赵君迈、叶浅予、戴爱莲、张云溪、曾维琪、白玉玺、刘晚苍、修良、修占、孙南馨、吴大揆、吴大齐、吴雁霞、马海龙、马江豹等。★第五代传人马长勋、王举兴、魏东振、刘德启、梁秀珍、刘伟、宗维洁、童红云、王晓燕、项国员、刘玉兰、冯益健、冯志明、李树峻、王大勇、谷平海、吕德和、王乃昭、王乃相、周世勤、高壮飞、关振军、张全亮、王凤锁、潘淑仪、陈湘陵、梁宝根、赵振生、刘亚非、徐徒翔、刘兴基、梅墨生、张旭初、马金龙、张耀忠、刘峻骧、张鸿诚、马文钊、吴光宇等。★吴式太极拳轻静柔化，紧凑舒伸，川字步型，斜中寓正。★第一式起势 第二式右揽雀尾 第三式左单鞭 第四式提手上势 第五式白鹤亮翅 第六式左右搂膝拗步 第七式手挥琵琶 第八式进步搬拦捶 第九式如封似闭 第十式十字手 第十一式左揽雀尾 第十二式右单鞭 第十三式右下势 第十四式金鸡独立 第十五式左右倒卷肱 第十六式右海底针 第十七式左闪通背 第十八式撇身捶 第十九式肘低看捶 第二十式左右野马分鬃 第二十一式玉女穿梭 第二十二式左云手 第二十三式右高探马 第

目录

吴式太极拳历史与传承

吴式太极拳风格特点与四十五式技术要领

吴式太极拳四十五式动作释解

附录

后记

太极拳是中华传统拳术之一，经过长期的流传，演变出了许多的流派，主要有陈式、杨式、吴式、武式、孙式等太极拳派系。

吴式太极拳是在杨式太极拳的基础上，形成和逐渐演化为有“北王南吴”两种拳架的太极拳流派。吴式太极拳起源有据、传承有序、技法独特、理论完备、传播广泛。

吴式太极拳以柔化著称。架子斜中寓正、松静自然、大小适中。推手时，守静而不妄动，以柔化见长。主要风格特点是松静柔化、川字步型、斜中寓正、紧凑舒伸。

吴式太极拳历史与传承

一、吴式太极拳发展历史

吴式太极拳创于全佑，定型于吴鉴泉与王茂斋时期。

吴式太极拳分南北两方拳系：南方为吴鉴泉宗师传承，其传人主要有吴公藻、吴公仪、吴英华、马岳梁、徐致一等；北方为王茂斋宗师传承，其传人主要有王杰（子英）、王倜（子超）、赵铁庵、修丕勋、彭广义（仁轩）、杨禹廷等，再传有赵安祥、李砚之、李经梧、孙枫秋、王培生、赵任情、郑时敏、冯士英、张福有、王辉璞、马汉清、戴玉三、李秉慈、翁福麒等。

（一）全佑创吴式太极拳

全佑（1834—1902年），字公甫，号保亭，老姓吴福氏，满族，北京东城人。当年杨露禅三赴陈家沟从师陈长兴苦习太极拳有成，以“神拳杨无敌”之号倾动一时，享誉武林。杨露禅后在京授拳，当时在京师神机营供职的凌山、万春、全佑师从杨露禅，受益最佳。三人经数年勤学苦练，各得所长，凌山善发劲，万春得刚劲，全佑则长于柔化。后全佑奉杨露禅之命拜其次子杨班侯为师。全佑兼得杨家父子之长，为当时的佼佼者。全佑先学杨露禅的大架，后又学杨班侯初改的小架，将其互相吸收融会贯通，经数十年的融合和发展，遂形成一种以柔化为主的动作紧凑、大小适中的拳术，即吴式太极拳。全佑创始的吴式太极拳，继承了太极拳轻灵柔化的拳理，保持了刚柔相济的技法。

全佑传人有其子吴鉴泉，其徒王茂斋、郭松亭、常远亭、夏公甫、齐格忱、英杰臣等。

(二)吴式太极拳第二代：南吴北王

1902年全佑逝世，其子吴鉴泉与其徒王茂斋、郭松亭三人同心协力，刻苦切磋、研究拳理十多年，对全佑所传的拳架加以整理、改造、修润，使之成为架势小巧、细腻柔和、动作规矩、松静自然的拳架。由吴、王二位演练口述，郭松亭记录并编成歌诀。最终定型为吴式太极拳。

吴鉴泉（1870—1942年），全佑之子，从汉姓吴，又名爱绅，字鉴泉，满族，北京大兴人。吴鉴泉幼秉家学，并在其父杨式小架拳势的基础上逐步修改，形成松静自然、架势紧凑、缓慢连绵、不纵不跳、长于柔化的吴式太极拳。吴鉴泉还对太极拳推手作了改进，其吴式太极推手别具一格，要求立身中正安静、细腻绵柔、宁静而不妄动，不仅手法严密，而且招数特别多。吴鉴泉为吴式太极拳的定型人之一。1914年在北京体育研究社任教。

1928年，吴鉴泉和杨澄甫南下在上海、江南各省发展。吴鉴泉到上海授艺，成立鉴泉太极拳社，并在香港、九龙、澳门、新加坡、菲律宾、加拿大、美国等地区和国家成立分社，其门生遍及海内外。

王茂斋（1862–1940年），山东掖县（今莱州市）人。生性忠诚好义，勤奋好学，深得全佑大师之真传。王茂斋在师兄弟中居长，功力扎实稳固，身手非凡。与师弟吴鉴泉情义极深，在拳理认同上十分默契，深研太极拳艺，敢于突破前人，大胆改进教学。

20世纪30年代，吴鉴泉应邀南下赴上海教授太极拳，王茂斋则留在京城授拳。两人在长期的教拳实战中，通过不断加强对拳理拳法的研究、体悟，各有发展，形成了吴式太极拳的“南吴”“北王”两大特色。这标志着吴式拳架南、北两方拳系的形成，即以吴鉴泉为一支的南方吴式太极拳系和以王茂斋为另一支的北方吴式太极拳系。

王茂斋成为北方吴式太极拳的掌门人，也是吴式太极拳北方的奠基人。他创办了北平太庙太极拳研究会，此研究会是当时太极拳高手云集的地方。他在京城授拳，受业众多，人才辈出，门人遍及北平（今北京）、山东、东北各地，以北京为主的我国北方地区习练吴式太极拳者，多为王先生的门下，形成庞大的传承体系。

1933年初春，吴式同门第二、三代合影，摄于北京东四南同和饭庄
前排左起：张子和、郭芬、王茂斋、赵铁庵
后排左起：文朗清、王子超、王子英、李子固、吴季康

（三）吴式太极拳第三代：发扬光大

20世纪40年代到60年代初，是吴式太极拳的鼎盛时期，门内第三代出现了许多优秀的传人，在全国武术界有很大的影响力。

王茂斋在京城授拳，受业众多，人才辈出，北方传人主要有：杨禹廷、王子英（子）、赵铁庵、张继之、彭仁轩、修丕勋、王历生、李子固、刘光斗、郑和春、曹幼甫等。

★全佑★吴鉴泉、王茂斋、郭松亭、常远亭、夏公甫、齐格忱、英杰臣……★杨禹廷、王子英、赵铁庵、张继之、彭仁轩、修丕勋、王历生、李子固、刘光斗、郑和春、曹幼甫、吴公仪、吴公藻、吴英华、马岳梁、吴耀宗、徐致一、赵铁庵、赵寿村、葛馨吾、王志群、吴图南、吴桐、金寿章、金云峰……★赵安祥、李砚之、李经梧、孙枫秋、王培生、赵任情、郑时敏、冯士英、张福有、王辉璞、马汉清、戴玉三、李秉慈、翁福麒、刘秀峰、陈云涛、李星峰、周学鳌、傅作义、楚溪春、赵君迈、叶浅予、戴爱莲、张云溪、曾维琪、白玉玺、刘晚苍、修良、修古、孙南馨、吴大揆、吴大齐、吴雁霞、马海龙、马江豹……★马长勋、王举兴、魏东振、刘德启、梁秀珍、刘伟、宗维洁、童红云、

吴鉴泉门生遍及海内外，南方传人主要有：子吴公仪、吴公藻，女吴英华、婿马岳梁，侄吴耀宗，徒徐致一、赵铁庵、赵寿村、葛馨吾、王志群、吴图南、吴桐、金寿章、金云峰等。

杨禹廷、徐致一可谓第三代南北两方吴式太极拳的杰出代表。

杨禹廷（1887–1982年），名瑞霖，祖籍北京，太极拳一代宗师，曾任中国武术协会委员，第1届北京市武术运动协会委员兼太极拳研究组成员，北京市武术运动协会副主席，北京市东城区政协委员。

杨禹廷幼时体弱多病，家境贫穷，借习武以强身祛病。少年时投拜周相臣、赵月山、田凤云、高克兴（子明）等武术名家为师。他虚心好学，刻苦

用功，孜孜以求，20岁时即驰名京城武坛。后又拜太极大家王茂斋为师，并得吴鉴泉指教。他一生专心致志地从事于太极拳的修炼、教学、研究和深求。他对武学的追求废寝忘食，刻意求真，做到治学严谨、技艺精湛。他在太极拳学术上的造诣很高深，贡献很大。

杨禹廷通过不断地总结和升华，率先把太极拳推上科学化和规范化的道路。同时，形成了自己独特的风格。他在前辈积累的基础上又迈进了一步，改进和提高了“83式太极拳”，使之更规范、科学，更合乎太极哲理。杨禹廷为了推广太极拳，从1924年就编写了《太极拳教学讲义》，1960年又出版了《太极拳动作解说》一书，传遍国内外。

杨禹廷的太极拳教龄长达七十多年，是当时社会上以专业教拳为生的拳师中教龄最长者。他的弟子众多，其中不乏武林的佼佼者和太极拳界的精英。

杨禹廷技艺精湛、炉火纯青，道德修养超凡，为世人所赞叹，为后人所敬仰。他还是健康长寿的样板，享年96岁，是当时有记载的太极拳师之中的高寿者。

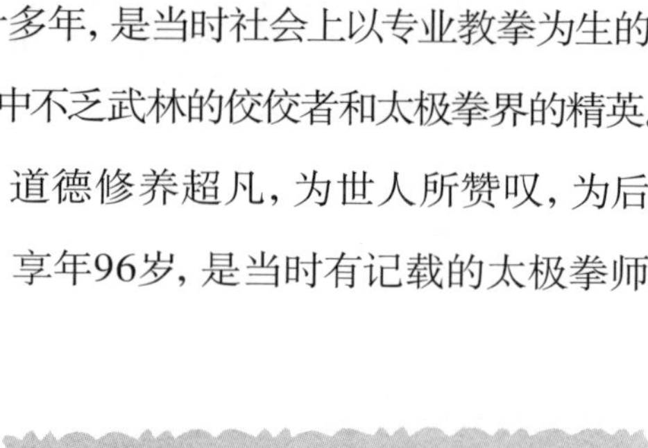

徐致一（1889–1968年），浙江嘉兴人，1920年从吴鉴泉学习吴式太极拳，得其真传。20世纪30–50年代，社会动荡，由于政治上的原因，吴氏家族不能再成为吴式太极拳的代表人物。在这种形势下，徐致一支撑起了南方吴式太极拳的大旗。徐致一著的《太极

1982年，吴式同门第三、四代在北京合影
前排左起：李秉慈、刘晚苍、马岳梁、吴英华、王培生、杨禹廷长子、翁福麒
后排左起：李和生、王举兴、XXX退休干部、赵兴昆、梁秀珍、马长勋、宋兰平、杨鑫荣

拳浅说》和《吴式太极拳》等图书，使他成为用科学解释太极拳的第一人。1957年编著的《吴式太极拳》（吴鉴泉式）一书，确定了吴式太极拳的理论和地位。徐致一的太极，无形无相，其德其术，均为同代太极拳家之佼佼，公认为吴式太极拳大师。

曾任中国武术协会第1届、第2届委员，上海精武体育会理事长，上海市国术联谊会主席等。

徐致一在北京得其传者有白玉玺等人。

（四）吴式太极拳第四代：蓬勃发展

吴式太极拳北方杨禹廷的弟子中，擅长推手的有“五虎上将”赵安祥、李砚之、李经梧、孙枫秋、王培生，在太极拳术套路中做出成绩的弟子有赵任情、郑时敏、冯士英、张福有、王辉璞、马汉清、戴玉三、李秉慈、翁福麒等人，还有社会知名人士刘秀峰、陈云涛、李星峰、周学鳌、傅作义、楚溪春、赵君迈、叶浅予、戴爱莲、张云溪、曾维琪。

其中王培生、李秉慈等在北京，赵安祥在邢台，李经梧在秦皇岛等，他们在当地乃至全国都影响极大，为国家训练、培养出了一批又一批的太极拳人才。这些人才早已活跃在华夏武林，并成为祖国各地太极拳界的领军人物，为中华武术事业的继承和发展作出了卓越的贡献。

吴式太极拳南方第四代传人主要有：吴大揆、吴大齐、马海龙、马江豹等。

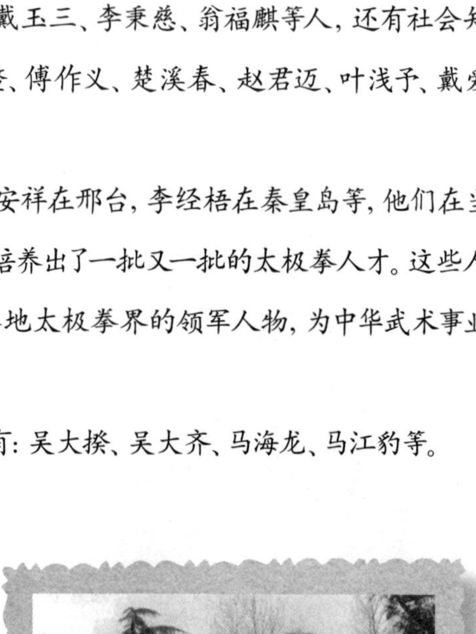

刘晚苍（1904–1990年），名培松，字晚苍，人称刘三爷，山东蓬莱人。自小跟伯父练习螳螂拳，14岁到北京后仍练功不辍。其间曾得王茂斋、张玉莲、唐兴福诸名家的亲授。22岁时拜吴式太极拳名家刘光斗为师习教门弹腿、长拳、器械、八卦、形意、太极。刘晚苍于武术涉猎极广，尤精于太极拳术。他身体力行，德艺双修，数十年寒暑不移。新

中国成立后一直坚持义务教拳，在北京地坛公园传授太极拳架，亲自喂招推手，培养了一大批拳术人才，如马长勋等。其与刘石樵合著《太极拳及太极推手》，1984年曾任北京市吴式太极拳研究会第一任会长。

李经梧（1912–1997年），生于山东掖县（今莱州）过西村。20世纪30年代初来京，先后向赵铁庵、陈发科、杨禹廷三位太极拳大师学习吴式和陈式太极拳。1941年任北平太庙太极拳研究会理事。1959年在国家体委主持下，由其演练拍成我国第一部武术教学片《简化太极拳》。他积极参与宣传普及国家编定的太极拳套路。1959年调北戴河气功疗养院任教。多次参加全国及第1届全运会武术比赛裁判工作。李经梧是20世纪中国杰出的太极拳代表人物，擅长吴式太极拳、陈式太极拳，兼采孙式、杨式劲法，心意六合拳内功，融会贯通，是造诣极高的武术名家。

著有《太极内功》《李经梧传陈、吴太极拳集》，合著有《陈式太极拳》等。曾是河北省人大代表，北京市吴式、陈式太极拳研究会顾问。

李经梧传人有：李树峻(子)、谷平海、冯志明、王大勇、王凤锁、吕德和、项国员、周树生、潘淑仪、陈湘陵、梁宝根、赵振生、刘玉兰、刘亚非、徐徒翔、刘兴基、梅墨生等。

王培生（1919—2004年），原名王力泉，号印诚，原籍河北武清县小韩庄。自幼爱武，先后师从八卦、弹腿、形意、八极、通背等拳家学拳。12岁师从杨禹廷学太极拳。

1937年在北平第三民众教育馆任武术教师，1947年成立汇通武术社任副社长，后任北京市吴式太极拳研究会副会长。1957年第1届全运会上任武术比赛裁判长，1982年参加了第一次全国武术工作会议。参加了太极拳推手及武术散手比赛规则的编写。

王培生是我国近现代著名的武术家，不仅武艺高超，而且非常重视拳术的理论研究，在教学之余，努力探索武学之道，著书立说，把自己多年积累的经验回报社会、造福人民。创编简化吴式太极拳37式，并整理成书出版（中、英文版），还编著有《太极剑》《太极拳的健身与技击作用》《健身祛病锦九段》《三才门乾坤戊己功功法》《太极推手精要》《吴式太极拳诠真》及合编《吴式简化太极拳》等。1989年任北京市吴式太极拳研究会第二任会长，1994年任北京吴式太极拳研究会名誉会长，直到2004年9月3日逝世。

王培生拳龄七十余载，一生酷爱、深研、传授吴式太极拳，授业弟子众多。在众多弟子中，有多位在全国武术比赛中获得奖牌。主要传人有：张旭初、马金龙、张耀忠、李和生、高壮飞、刘峻骧、周世勤、张鸿诚、张全亮、关振军等。

★全佑★吴鉴泉、王茂斋、郭松亭、常远亭、夏公甫、齐格忱、英杰臣……★杨禹廷、王子英、赵铁庵、张继之、彭仁轩、修丕勋、王历生、李子固、刘光斗、郑和春、曹幼甫、吴公仪、吴公藻、吴英华、马岳梁、吴耀宗、徐致一、赵铁庵、赵寿村、葛馨吾、王志群、吴图南、吴桐、金寿章、金云峰……★赵安祥、李砚之、李经梧、孙枫秋、王培生、赵任情、郑时敏、冯士英、张福有、王辉璞、马汉清、戴玉三、李秉慈、翁福麒、刘秀峰、陈云涛、李星峰、周学鳌、傅作义、楚溪春、赵君迈、叶浅予、戴爱莲、张云溪、曾维琪、白玉玺、刘晚苍、修良、修占、孙南馨、吴大揆、吴大齐、吴雁霞、马海龙、马江豹……★马长勋、王举兴、魏东振、刘德启、梁秀珍、刘伟、宗维洁、童红云、

李秉慈（1929－　），北京人，幼年体弱多病，自1946年起追随杨禹廷习练太极拳，随后又与常振芳、史正刚、骆兴武、单香陵、刘谈锋诸名师学习查拳、大悲拳、形意拳、六合螳螂拳及程派八卦掌等拳种，1956–1963年多次参加北京市、全国武术比赛，获吴式太极拳、械优秀奖；1959年第1届全运会上获太极类第四名（包括形意、八卦），并获“四好”运动员称号。

李秉慈与师弟翁福麒共同编著《杨禹廷太极拳系列秘要集锦》《吴式太极拳拳械述真》等著作，专著有《简化吴式太极拳十三式》及挂图、《吴式太极拳拳照图谱》（93式），参编《太极拳全书》《太极剑全书》；1988–1989年参加《四式太极拳竞赛套路》的编写、训练、录像及吴式班的教学和四十二式太极剑及推手教程的编审，录制吴式太极拳、器械、推手等录像、光盘20余部，发行世界各地。有力地推动了吴式太极拳在国内外的推广和发展。

李秉慈自20世纪60年代起，从事武术教学、训练、调研、评审、裁判等工作，培养了一大批优秀人才，学生遍布海内外。在教学和训练中为各大体育院校输送了大批的优秀武术运动员，培养全国冠军及社会体育指导员若干名，培育了刘伟、宗维洁、景德敏、吴阿敏、童红云等多次获得全国太极拳锦标赛吴式太极拳冠军的优秀运动员，直至现在仍坚守武术阵地。他多年来积极参加国际推广太极拳的活动，曾多次接待国外来访的太极拳友人及团体，并多次赴日本、新加坡、韩国、中国香港讲学，传授吴式太极拳。

1980年他开创了全国第一所公办向全民开放的传统武术培训基地——东城区武术馆，并任教务长和副馆长，现为国家级社会体育指导

员，中国武术协会荣誉委员和国家级武术裁判员，1995年被中国武术协会评为“中华武林百杰”之一，武术八段，非物质文化遗产传承人。自1998年曾连任北京市吴式太极拳研究会第四、第五任会长，现任北京市吴式太极拳研究会终身名誉会长。

（五）吴式太极拳第五代：继往开来

吴式太极拳发展到现在已逾百年，在前人教导下，第五代传人也成长起来了，肩负继续传承和发展吴式太极拳的重任。

吴式太极拳北方第五代传人：马长勋、刘伟、宗维洁、关振军、张全亮、刘德启、李树峻等。

吴式太极拳南方第五代传人：吴光宇等。

刘伟与吴光宇（左一）合影

刘伟（1967– ），北京人，汉族，大学学历。自幼体弱，为了强身健体，于1982年师从形意拳名家骆大成的启蒙教诲，后受吴式太极拳名家李秉慈悉心传授，并得陈式太极拳传人李经梧，八卦掌、形意拳传人王世祥的真传，42式太极拳、剑受教于北京体育大学教授门惠丰。

刘伟精通各式太极拳，尤在吴式太极拳方面技艺精湛（曾蝉联九届全国武术太极拳锦标赛吴式太极拳冠军，为吴式太极拳竞赛套路四十五式标准动作示范者）。连续获得六届中日太极拳对抗赛吴式太极拳第一名，获得第1届和第4届世界传统武术锦标赛太极拳、太极剑金牌，2010年获得世界传统武术锦标赛太极拳项目金奖。在国家级、国际级的28次比赛中获36枚金牌的优异成绩，同时在形意拳、八卦掌、散手、太极推手、器械等方面也颇有成就。

刘伟在二十多年的教学、训练工作中（曾任北京武术队太极拳项目教

练）积累了丰富的教学训练经验，培养出多名国内外太极拳的优秀运动员，其中有世界冠军孔祥东、全运会冠军范雪萍、现北京武术队教练员李焱等众多学生。多次受中国武术协会派遣赴日本、新加坡、澳大利亚、法国、英国等国家讲学交流，学员遍及海内外。

刘伟多年来经常以专家、裁判员的身份参加中国武术协会、中国武术研究院、国家体育总局武术运动管理中心组织的国内外比赛、武术段位评审及西部行全民健身活动。2009年他受到中央电视台国际频道《体育在线》栏目的采访并向全球播出，同年受到北京电视台《京城健身潮》栏目专访。2010年至今任《中华武术》杂志“中华武术大学堂太极拳名家讲堂”老师，授课学员众多，遍布全国各地。

刘伟现任北京市武术协会吴式太极拳研究会第七任会长、中国武术七段、国家武英级运动员、高级教练员、国家级武术裁判员和国家级社会体育指导员。

二、吴式太极拳四十五式发展历史

中华武术源远流长，太极拳是武术重要的优秀传统拳种之一，深受国内外人士的喜爱。

传统太极拳虽然历史悠久，传播广泛，但是太极拳作为一项竞赛项目是在新中国成立以后才陆续开始的。1986年，太极拳被正式列为单项比赛项目。随着国内外交流、比赛活动的日益频繁，其技术水平也得到了不断的发展和提高。实践表明，太极拳具有较高的健身价值，理论体系较完整，技术内容十分丰富，训练方法系统、科学，流传广泛，群众基础雄厚，具有单独举行比赛的条件；但作为竞赛套路，从时间、内容、结构、布局等方面来看，又不符合竞赛的要求。作为太极拳发源地的中国，理应使太极拳的理论与技艺日臻完备，这迫切需要编制出各式太极拳规范的竞赛套路。

20世纪80年代末，由中国武术协会、中国武术研究院组织专家、学者、教练员、运动员成立太极拳竞赛套路编写小组，创编了各式太极拳竞赛套路。编写组成员有：张文广、张山、门惠丰、李秉慈、阚桂香、计月娥。

在编制过程中，中国武术研究院提出了三个原则，即传统性、科学性、竞赛性。

① 要遵循保留太极拳传统套路的风格、特点及技术要领，不失其传统性。

② 要遵循以人体生理、心理特点为依据，有利于身心健康的全面发展，符合现代体育科学的要求。

③ 要遵循有一定难度，并符合竞赛规则的要求，通过竞技比赛，促进这项运动技术水平的提高。

1998年，在套路编写完成后，中国武术协会、中国武术研究院又组织了技术审核组，邀集太极拳名家蔡龙云、李天骥、张继修、杨振铎、孙剑云、周元龙、夏柏华、吴彬、邵善康、李德印、冯志强、陈小旺、张永安、曾乃梁、李承祥、冯如龙等，进行了严格的审核，最后由中国武术研究院、中国武术协会审定公布。共编创了42式太极拳、42式太极剑、杨式太极拳、吴式太极拳、陈式太极拳、孙式太极拳的竞赛套路，均由人民体育出版社出版，向全球推广。此后国家武术运动管理中心多次举行竞赛套路的学习班，培养了大批的骨干力量。

各式太极拳竞赛套路分别在经典的传统套路的基础上，吸收了传统技术的精华，参阅了大量的有关文献，兼取许多优点和特色创编而成。它内容充实、风格突出、动作规范、结构严谨、布局合理，并增加了动作难度，既能较全面地锻炼身体，又由于其动作数量、组别、时间均符合竞赛规则的要求，适于在同等条件下进行比赛。

各式太极拳竞赛套路的诞生，是太极拳运动发展史上的一件大事。它对国内外太极拳运动的蓬勃发展起到了重要的作用。

1998年，太极拳竞赛套路编写组成员
前排左起：李秉慈、门惠丰、张文广、阚桂香
后排左起：刘伟、陈爱萍、林秋萍、丁杰

为了吴式太极拳能在国内外很好地发展和普及，以及满足提高技术水平的需要，在秉承传统吴式太极拳特点、风格的前提下，编创了这套内容丰富、风格突出、意形并重、动作规范、结构严谨、布局合理的吴式太极拳规定套路。

吴式太极拳竞赛套路（四十五式）主要由李秉慈、门惠丰等参加编审、录像工作，刘伟作为吴式太极拳竞赛套路的标准技术示范者。

吴式太极拳竞赛套路吸收组合了南方（上海）和北方（北京）的一些独特技法，充分体现了南方和北方的技术特点，比如斜飞势、跨虎、搂膝拗步等都参照了吴鉴泉的拳照。既保留了传统吴式太极拳的松静柔化、紧凑舒伸、斜中寓正、川字步型的风格特点和技术要领，又脱胎于吴式传统太极拳，不失创新与发展。其竞赛套路，在动作组别、比赛时间、套路结构、路线布局、难度分布等方面都符合《太极拳、剑竞赛规则》的规定，对动作规格、演练水平有明确的要求，使学练和竞赛规范统一，既突出可比性，又便于评判。

吴式太极拳竞赛套路经过几十年的传播和发展，得到了武术界认可，受到广大武术运动员与太极拳爱好者的欢迎，对吴式太极拳的普及起到了很大的推动作用。

★全佑★吴鉴泉、王茂斋、郭松亭、常远亭、夏公甫、齐格忱、英杰臣……★杨禹廷、王子英、赵铁庵、张继之、彭仁轩、修丕勋、王历
生、李子固、刘光斗、郑和春、曹幼甫、吴公仪、吴公藻、吴英华、马岳梁、吴耀宗、徐致一、赵铁庵、赵寿村、葛馨吾、王志群、吴图南、吴
桐、金寿章、金云峰……★赵安祥、李砚之、李经梧、孙枫秋、王培生、赵任情、郑时敏、冯士英、张福有、王辉璞、马汉清、戴玉三、李
秉慈、翁福麒、刘秀峰、陈云涛、李星峰、周学鳌、傅作义、楚溪春、赵君迈、叶浅予、戴爱莲、张云溪、曾维琪、白玉玺、刘晚苍、修良
修占、孙南馨、吴大揆、吴大齐、吴雁霞、马海龙、马江豹……★马长勋、王举兴、魏东振、刘德启、梁秀珍、刘伟、宗维洁、童红云、

三、吴式太极拳传承表（部分）

陈王廷 → 陈汝信 → 陈大鹏 → 陈善志 → 陈秉旺 → 陈长兴 → 杨露禅 → 杨班侯 → 全 佑 →

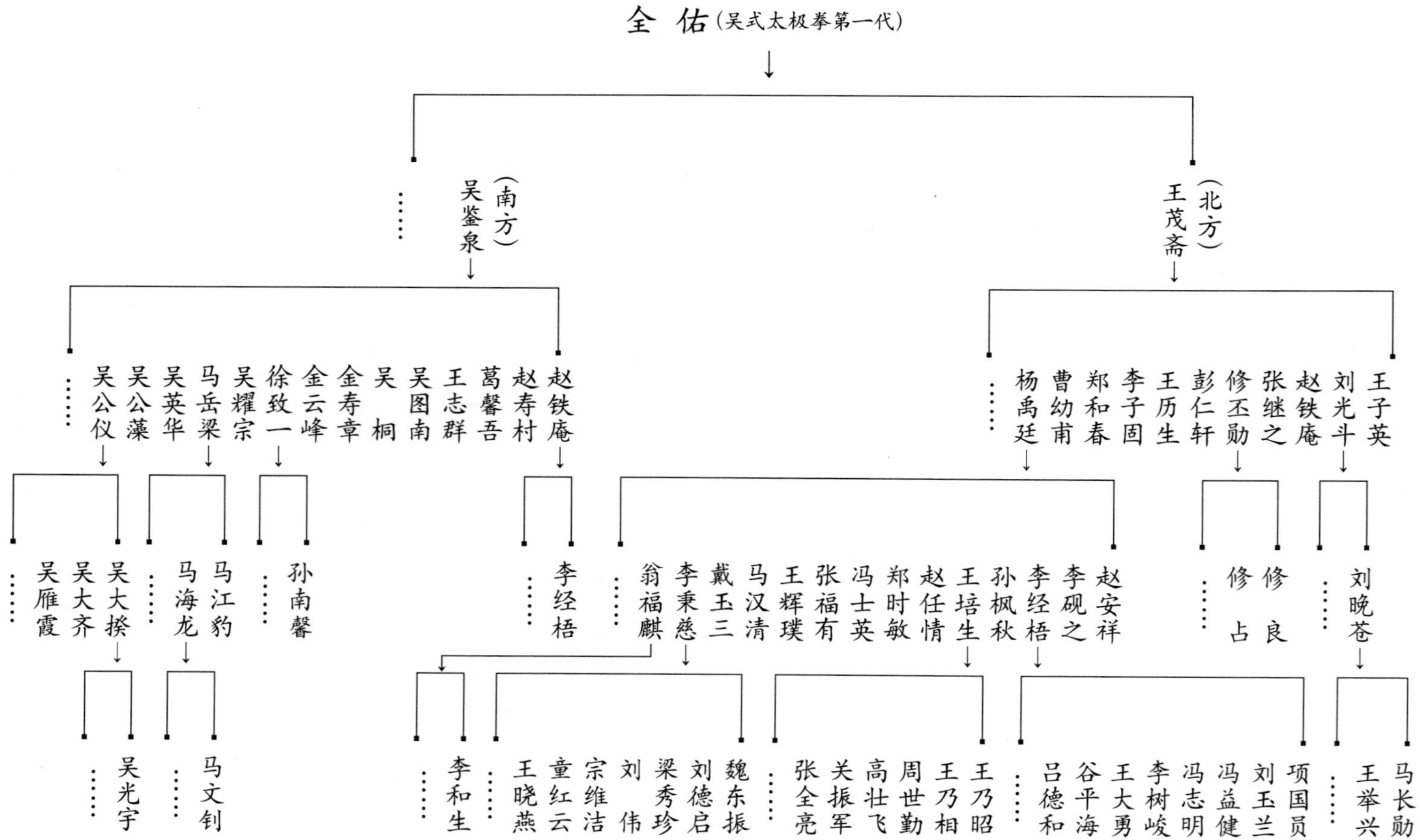

全 佑（吴式太极拳第一代）
（南方）吴鉴泉
……
（北方）王茂斋
赵铁庵
赵寿村
葛馨吾
王志群
吴图南
吴 桐
金寿章
金云峰
徐致一
吴耀宗
马岳梁
吴英华
吴公藻
吴公仪
……
王子英
刘光斗
赵铁庵
张继之
修丕勋
彭仁轩
王历生
李子固
郑和春
曹幼甫
杨禹廷
……
李经梧
……
孙南馨
……
马江豹
马海龙
……
吴大揆
吴大齐
吴雁霞
……
刘晚苍
……
修 良
修 占
……
赵安祥
李砚之
李经梧
孙枫秋
王培生
赵任情
郑时敏
冯士英
张福有
王辉璞
马汉清
戴玉三
李秉慈
翁福麒
……
马长勋
王举兴
……
项国员
刘玉兰
冯益健
冯志明
李树峻
王大勇
谷平海
吕德和
……
王乃昭
王乃相
周世勤
高壮飞
关振军
张全亮
……
魏东振
刘德启
梁秀珍
刘 伟
宗维洁
童红云
王晓燕
……
李和生
……
马文钊
……
吴光宇
……

轻静柔化

紧凑舒伸

川字步型

斜中寓正

吴式太极拳风格特点与四十五式技术要领

一、吴式太极拳风格特点

传统吴式太极拳的风格特点，经过百多年来的传播，大师们和习练者的认识与提法不尽相同，没有统一的共识。1991年，中国武术研究院组织全国各式太极拳名家共同研讨各流派太极拳的风格与特点，经过研究讨论由各流派代表提出后再由周元龙老师组织成文，最后确定为以四句、十六个字概括出各流派的风格特点。吴式太极拳的风格特点为：轻静柔化，紧凑舒伸，川字步型，斜中寓正。

（一）轻静柔化

“轻”，指轻灵，如迈步如猫行之轻灵巧捷；“静”，指心静体松，以心行意；柔化，是以松柔为特点的劲法变化，以弧形运动为核心的进退螺旋运动方法。

（二）紧凑舒伸

舒伸，指拳架动作具有大开大合和姿势舒展的特点。演练时又有收含紧蓄于内、放展于外、大练而小用的独特要求，也是从难从严的练法，以便更好地适应攻防技击的需要。

（三）川字步型

是对步型和步法的要求。其定势步型要求左右两脚前后（或左、右）分别落在相距为30～40厘米的两条平行线上，两脚横置间隔为一脚或一脚半，一脚为正弓步（传统讲法为日字步），一脚半（或大于）为隅弓步（为曰字步），两脚尖均向前。而动势步型则要求：如果右脚在后，从后向前进步时必须自然地微向内收走内弧再向右前方迈步，这一内弧线形成了“川”字中间的一竖，故称之为川字步型，但各家对此说法解释不尽相同。

（四）斜中寓正

这是根据传统吴式太极拳定势动作中身型和上肢、下肢、躯干、肩、髋关节各部位的要求而言的。“斜”指身型，从头顶正中的百会穴（向上，提顶的位置），头部不低不仰，身型向前下斜倾到与后脚跟形成一斜向约45°的正隅弓步型（两脚尖向前，后脚跟内收度不要超过20°），它体现了身型的“斜”。“寓正”，传统有“三尖相照”之说，即鼻尖（鼻骨）、膝骨正中、脚尖，要求中正垂直为准，两髋、两肩要求平正，不要一前一后、一高一低，自然形成端正平稳的状态（不同于顺肩之论），此为寓正之说。欲自然而协调地达到这一要求，必须在各部位的要领上下功夫，意形合一，方能完成正确姿势。

*注：引自李秉慈《传统太极拳全书》

二、吴式太极拳四十五式基本技术要领

（一）手型

三大基本手型：即拳、掌、勾。

拳

拳：四指并拢向内卷握，拇指扣压在食指、中指的第二节指骨上，拳面平齐。

掌

掌：五指自然伸展稍分开，指微屈不直，掌心微内凹，指中节有向手背方向展之意。

勾

勾：五指中先小指，然后依次是无名指、中指、食指蜷曲，第一指节向内捏拢，拇指贴于食指梢节上，手心含空，屈腕。

（二）步型

吴式太极拳基本步型有：弓步（川字步）、马步、仆步、虚步、歇步等。

弓步（川字步）

弓步，因其形如汉字“川”字形，又称川字步。川字形两边的两笔画，代表着身体的两侧：一侧由肩到胯到膝到脚，从同侧的肩井穴通到脚底的涌泉穴；另一侧代表身体的正中，从头顶的百会穴，经颈、背、腰，到裆部的会阴穴。

川字弓步的基本要领：上身微向前腿转；前腿为实，屈膝前弓，重心落在前腿上，脚尖向前，全脚掌踏实，膝盖尖与脚拇指上下基本垂直，膝部不超过脚尖；后腿为虚，自然蹬直，后脚能抬而不抬，脚跟不要离地，脚尖向前。

马步

两脚平行开立，间距两至三个脚掌的长度，两脚尖平行向前，不要外撇，全脚着地。两腿屈膝下蹲，两膝向外撑，膝盖不能超过脚尖。

仆步

两腿左右分开，两脚距离为脚长的四至五倍，一腿屈膝全蹲，全脚着地，膝部与脚尖外展；另一腿自然伸直平仆，接近地面，全脚着地，脚尖内扣。左腿伸直为左仆步，右腿伸直为右仆步（例如左右下势）。

虚步

两脚平行，身体重心在后腿，后腿屈膝半蹲，全脚掌着地，脚尖向前或微外展；前腿微屈，脚面绷平，脚跟着地或脚尖点地（左脚在前为左虚步，右脚在前为右虚步）。

歇步

两腿交叉屈蹲靠拢，前后相叠，后膝接近靠于前小腿外侧；臀部接近于后脚脚跟处；前脚全脚着地，脚尖外展，后脚前脚掌着地，脚尖向前（左腿在前为左歇步，右腿在前为右歇步，例如斜飞势）。

右迎面掌 第三十一式十字拍脚 第三十二式搂膝左栽捶 第三十三式左海底针 第三十四式右闪通背 第三十五式右云手 第三十六式左高探马 第三十七式回身指裆捶 第三十八式左下势 第三十九式上步七星 第四十式退步跨虎 第四十一式左迎面掌 第四十二式转身摆莲 第四十三式弯弓射虎 第四十四式退步搬拦捶 第四十五式收势 ★吴式太极拳创于全佑。★第二代传人吴鉴泉、王茂斋、郭松亭、常远亭、夏公甫、齐阁臣等。★第三代传人杨禹廷、王子英、赵铁庵、张继之、彭仁轩、修丕勋、王历生、李子固、刘光斗、郑和春、曹幼甫、陈子和、王步曾、董焕堂、易仲贤、张继之、李文杰、文朗清、吴季康、吴公仪、吴公藻、吴英华、马岳梁、吴耀宗、徐致一、赵铁庵、赵寿村、葛馨吾、王志群、吴图南、吴桐、金寿章、金云峰等。★第四代传人赵安祥、李砚之、李经梧、孙枫秋、王培生、赵任情、郑时敏、冯士英、张福有、王辉璞、马汉清、戴玉三、李秉慈、翁福麒、刘秀峰、陈云涛、李星峰、周学鳌、傅作义、楚溪春、赵君迈、叶浅予、戴爱莲、张云溪、曹维琪、白玉玺、刘晚苍、修良、修古、孙南馨、吴大揆、吴大齐、吴雁霞、马海龙、马江豹等。★第五代传人马长勋、王举兴、魏东振、刘德启、梁秀珍、刘伟、宗维洁、童红云、王晓燕、项国员、刘玉兰、冯益健、冯志明、李树峻、王大勇、谷平海、吕德和、王乃昭、王乃相、周世勤、高壮飞、关振军、张全亮、王凤锁、潘淑仪、陈丽陵、梁宝根、赵振生、刘亚非、徐徒翔、刘兴基、梅墨生、张旭初、马金龙、张耀忠、刘峻骧、张鸿诚、马文钊、吴光宇等。★吴式太极拳轻静柔化，紧凑舒伸，川字步型，斜中寓正。★第一式起势 第二式右揽雀尾 第三式左单鞭 第四式提手上势 第五式白鹤亮翅 第六式左右搂膝拗步 第七式手挥琵琶 第八式进步搬拦捶 第九式如封似闭 第十式十字手 第十一式左揽雀尾 第十二式右单鞭 第十三式右下势 第十四式金鸡独立 第十五式左右倒卷肱 第十六式右海底针 第十七式左闪通背 第十八式撇身捶 第十九式肘低看捶 第二十式左右野马分鬃 第二十一式玉女穿梭 第二十二式左云手 第二十三式右高探马 第

吴式太极拳四十五式动作释解

一、吴式太极拳四十五式套路动作图解说明

1.本书四十五式图解有三百多幅动作，图照均由作者刘伟演练拍摄而成。

2.为方便读者查对拳架的动作方向，把拳照方位定为：面对读者为南，背对读者为北，面向读者右边为东，面向读者左边为西。当动作熟练后，太极出势站立位置不一定要面朝南而起势，可以根据场地的不同情况，任意选择练拳的方向。

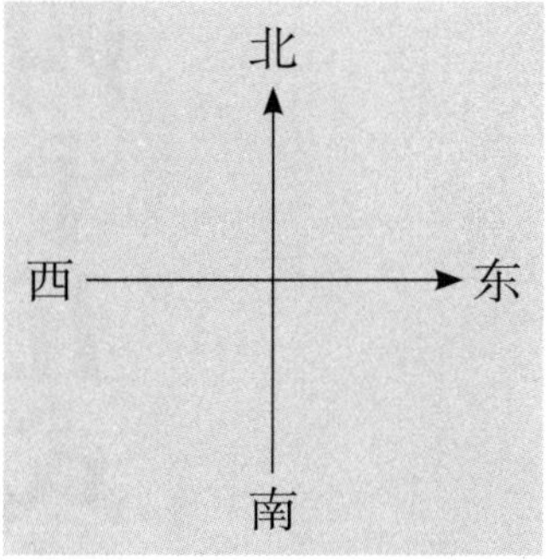

3.图中虚实线箭头方向，均表示演练者手和脚的动作运转趋向，图中虚实线箭头，均表示此动作过渡到下一个动作的趋向。

4.图中右掌、右脚的运动路线以实线表示，左掌、左脚的运动路线以虚线表示。凡动作较简单、用文字可以说明的不再在图中以路线和箭头来表示，读者阅读文字后一看图即可明了。

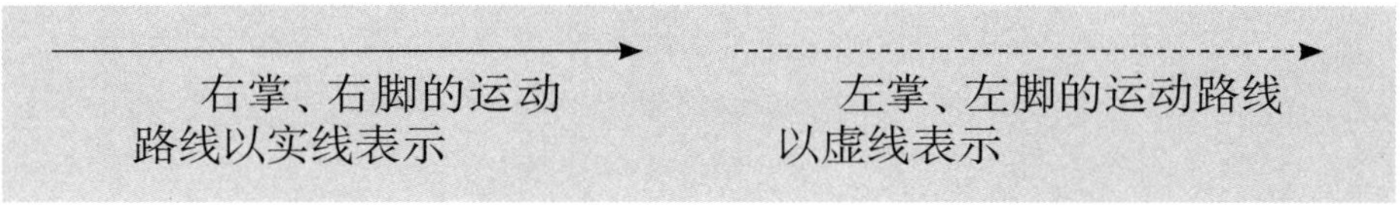

5.书中如有动作说明和图解不相符时，应以图解为准。

6.注意书中图号的表述，如图1-1，前“1”即表示第一式动作，后“1”即表示第一式动作中的第1分动作。本套路共有四十五式动作，即图45-1，至全套结束，图45-6。

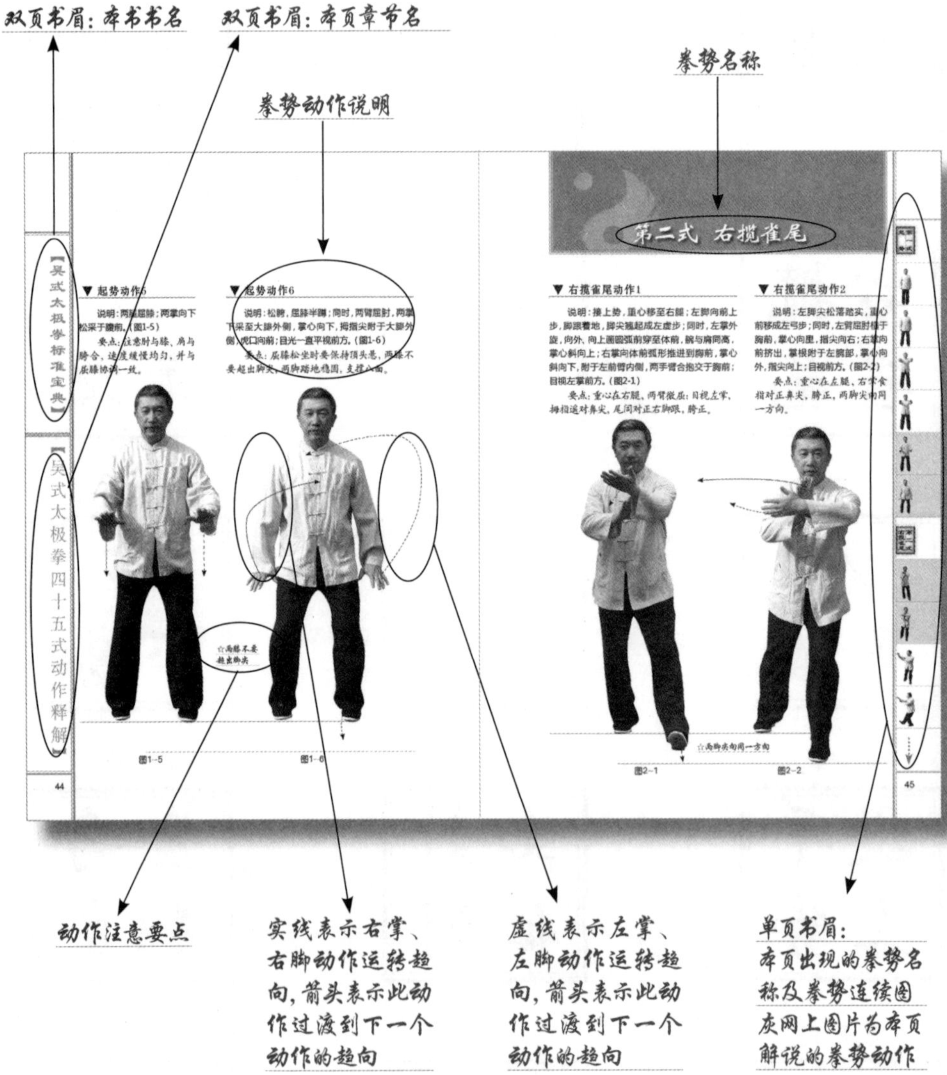
双页书眉：本书书名
双页书眉：本页章节名
拳势动作说明
拳势名称
第二式 右揽雀尾
吴式太极拳标准宝典
吴式太极拳四十五式动作释解
动作注意要点
实线表示右掌、右脚动作运转趋向，箭头表示此动作过渡到下一个动作的趋向
虚线表示左掌、左脚动作运转趋向，箭头表示此动作过渡到下一个动作的趋向
单页书眉：本页出现的拳势名称及拳势连续图 灰网上图片为本页解说的拳势动作

二、吴式太极拳四十五式套路动作名称

第一式 起势

第二式 右揽雀尾

第三式 左单鞭

第四式 提手上势

第五式 白鹤亮翅

第六式 左右搂膝拗步

第七式 手挥琵琶

第八式 进步搬拦捶

第九式 如封似闭

第十式 十字手

第十一式 左揽雀尾

第十二式 右单鞭

第十三式 右下势

第十四式 金鸡独立

第十五式 左右倒卷肱

第十六式

右海底针

第十七式

左闪通背

第十八式

撇身捶

第十九式

肘底看捶

第二十式

左右野马分鬃

第二十一式

玉女穿梭

第二十二式

左云手

第二十三式

右高探马

第二十四式

右分脚

第二十五式

左分脚

第二十六式

左右打虎

第二十七式

右蹬脚

第二十八式

双峰贯耳

第二十九式

斜飞势

第三十式

右迎面掌

第三十一式

十字拍脚

第三十二式

搂膝左栽捶

第三十三式

左海底针

第三十四式

右闪通背

第三十五式

右云手

第三十六式

左高探马

第三十七式

回身指裆捶

第三十八式

左下势

第三十九式

上步七星

第四十式

退步跨虎

第四十一式

左迎面掌

第四十二式

转身摆莲

第四十三式

弯弓射虎

第四十四式

退步搬拦捶

第四十五式

收势

三、吴式太极拳四十五式套路动作图解

第一式 起 势

▼ 起势动作1

说明：两脚微并拢，呈自然站立状态；顶悬颈直，下颌微内收，舌抵上腭；胸含腹松；肩臂自然下垂，两掌轻贴于大腿外侧，指尖向下，掌心向内；目视前方。（图1-1）

要点：鼻尖对正肚脐，两手中指梢点于裤线；身体舒松，心静神聚，呼吸自然。

▼ 起势动作2

说明：重心右移；左脚微提起向左横移一步落实，两脚与肩同宽；然后重心回到正中。(图1-2)

要点：两肩对正两胯，两腿微松。

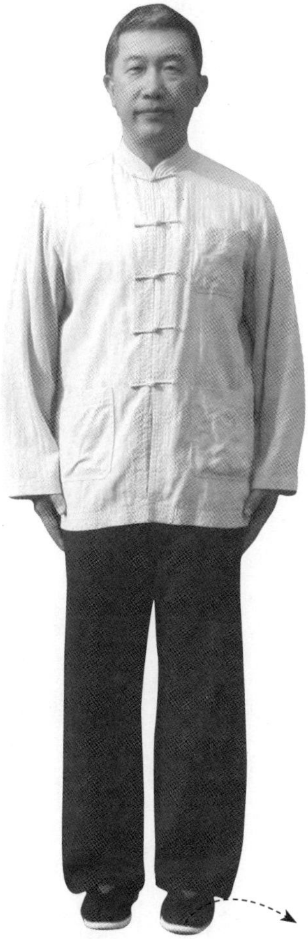

图1—1

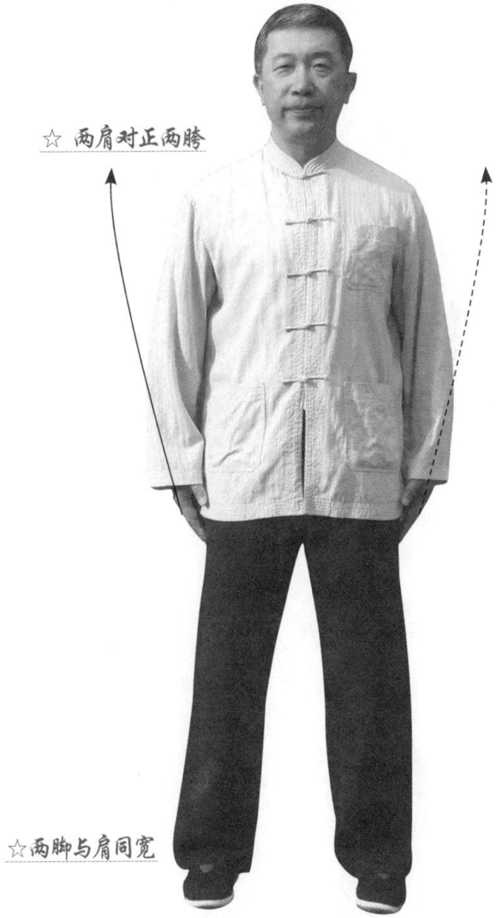

图1—2

▼ 起势动作3

说明：两腕前掤，引两臂向前上方慢慢上提，至两腕与肩同高时，两臂微屈，掌心斜向下，指尖向下。（图1-3）

要点：松肩，坠肘，提顶。

▼ 起势动作4

说明：舒掌指，掌心向下，指尖向前。（图1-4）

要点：松腰，松胯。

☆腕与肩同高

图1－3

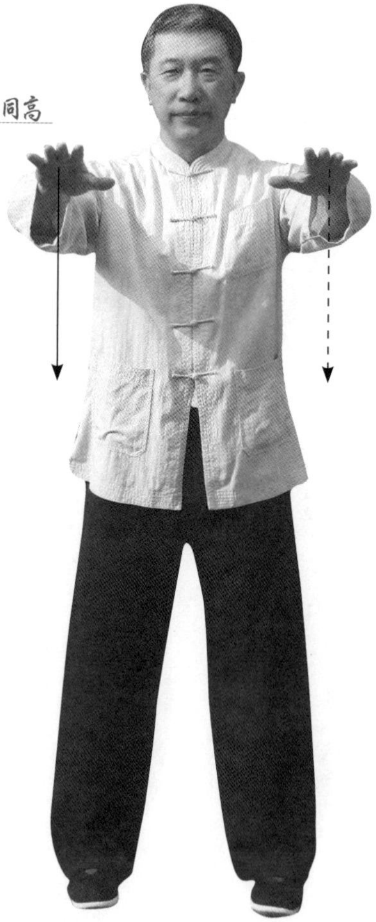

图1－4

▼ 起势动作5

说明：两腿屈膝；两掌向下松采于腹前。（图1-5）

要点：注意肘与膝、肩与胯合，速度缓慢均匀，并与屈膝协调一致。

▼ 起势动作6

说明：松胯，屈膝半蹲；同时，两臂屈肘，两掌下采至大腿外侧，掌心向下，拇指尖附于大腿外侧，虎口向前；目光一直平视前方。（图1-6）

要点：屈膝松坐时要保持顶头悬，两膝不要超出脚尖，两脚踏地稳固，支撑八面。

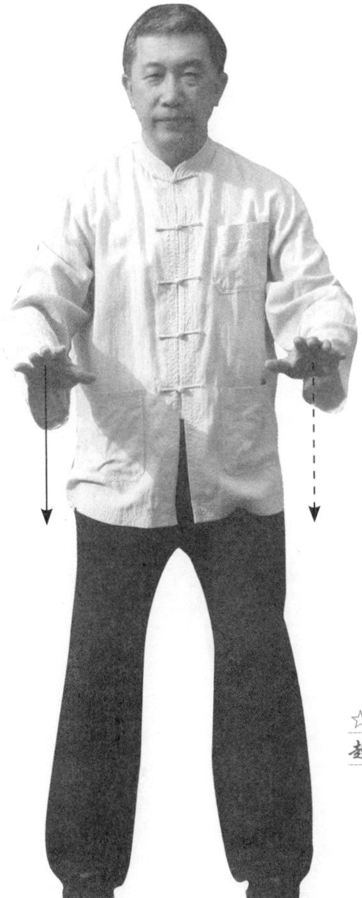

图1-5

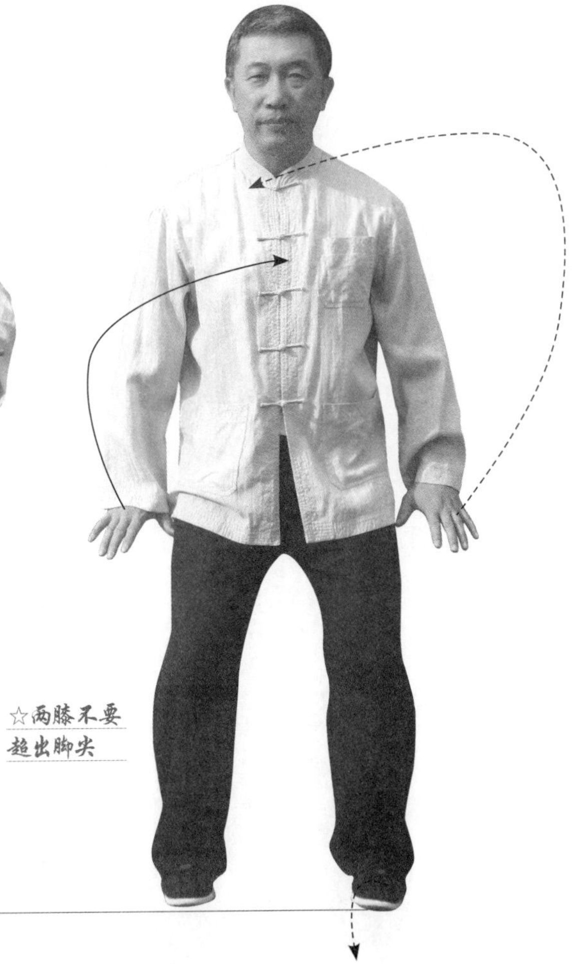

图1-6

第二式 右揽雀尾

▼ 右揽雀尾动作1

说明：接上势，重心移至右腿；左脚向前上步，脚跟着地，脚尖翘起成左虚步；同时，左掌外旋，向外、向上画圆弧前穿至体前，腕与肩同高，掌心斜向上；右掌向体前弧形推进到胸前，掌心斜向下，附于左前臂内侧，两手臂合抱交于胸前；目视左掌前方。（图2-1）

要点：重心在右腿，两臂微屈；左掌拇指遥对鼻尖，尾闾对正右脚跟，胯正。

▼ 右揽雀尾动作2

说明：左脚尖松落踏实，重心前移成左弓步；同时，左臂屈肘横于胸前，掌心向里，指尖向右；右掌向前挤出，掌根附于左腕部，掌心向外，指尖向上；目视前方。（图2-2）

要点：重心在左腿，右掌食指对正鼻尖，胯正，两脚尖向同一方向。

图2-1

☆两脚尖向同一方向

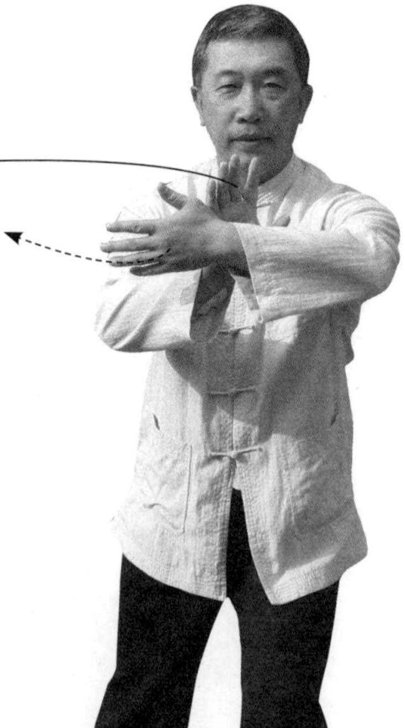

图2-2

▼ 右揽雀尾动作3

说明：上身右转45°；右掌沿左掌拇指向右上方抹出，腕与肩同高；左掌随右掌运转，附于右前臂内侧，食指向前；目视右掌。（图2-3）

要点：左膝对正脚尖，左胯不要外凸，头与右掌方向一致。

▼ 右揽雀尾动作4

说明：身体继续右转45°，重心移至左腿；左脚以脚跟为轴向内扣脚尖；右脚脚跟内收，向前落步，脚跟着地，脚尖翘起成右虚步；同时，右掌外旋，掌心斜向上，手指斜向前，指尖与鼻同高；左掌内旋附于右前臂内侧，掌心斜向下，两臂微屈；目视右掌。（图2-4）

要点：重心移动要平稳，不要上下起伏，身体右转不要摇晃。

图2-3

图2-4

▼ 右揽雀尾动作5

说明：右脚尖松落踏实，重心前移成右弓步；同时，右前臂横于胸前，掌心向里，指尖向左；左掌根附于右腕部向前挤出，食指向上；目视前方。（图2-5）

要点：鼻尖、膝尖、脚尖三尖垂直，不要凸臀、俯身。

▼ 右揽雀尾动作6

说明：身体微左转；右掌内旋，向右前方伸出，掌心斜向下；左掌外旋，掌心斜向上，附于右腕下方；目视右掌。（图2-6）

要点：松肩、舒背、顺胯。

图2-5　　图2-6

▶ 右揽雀尾动作7

说明：上身右转；右掌向右前方伸出，左掌托于右前臂下方；目视右掌。（图2-7、图2-7附图）

要点：合胯，两脚尖同方向。

图2－7　　图2－7附图

◀ 右揽雀尾动作8

说明：身体后坐，重心移至左腿；左腿屈膝，右脚尖翘起，脚跟着地成右虚步；同时，右掌向右、向下随屈肘收至右胯外侧，掌心向下；左掌附于右腕部；目视右侧。（图2-8、图2-8附图）

要点：后坐时，左膝松屈，重心平稳，不要起伏，左腿坐实后尾闾对准左脚跟内侧，避免左胯外凸。

图2－8　　图2－8附图

▶ 右揽雀尾动作9

说明：身体左转，重心前移；右脚尖落地踏实成半马步；同时，右掌外旋、左掌内旋向前伸至与胸同高，左掌搭于右腕上方，右掌心向上，左掌心向下；目视前方。（图2-9）

要点：松胯，重心移动平稳，避免身体上下起伏。

图2－9

图2－10

◀ 右揽雀尾动作10

说明：上身右转，重心继续微前移至右腿成右弓步；同时，右掌继续向前、向上、向右画弧至右前方，手腕与肩同高；左掌随右掌向右上方画弧附于右前臂；目视右掌。（图2-10）

要点：重心要虚实分清，右掌高不过头，左脚不掀跟，顺肩合胯。

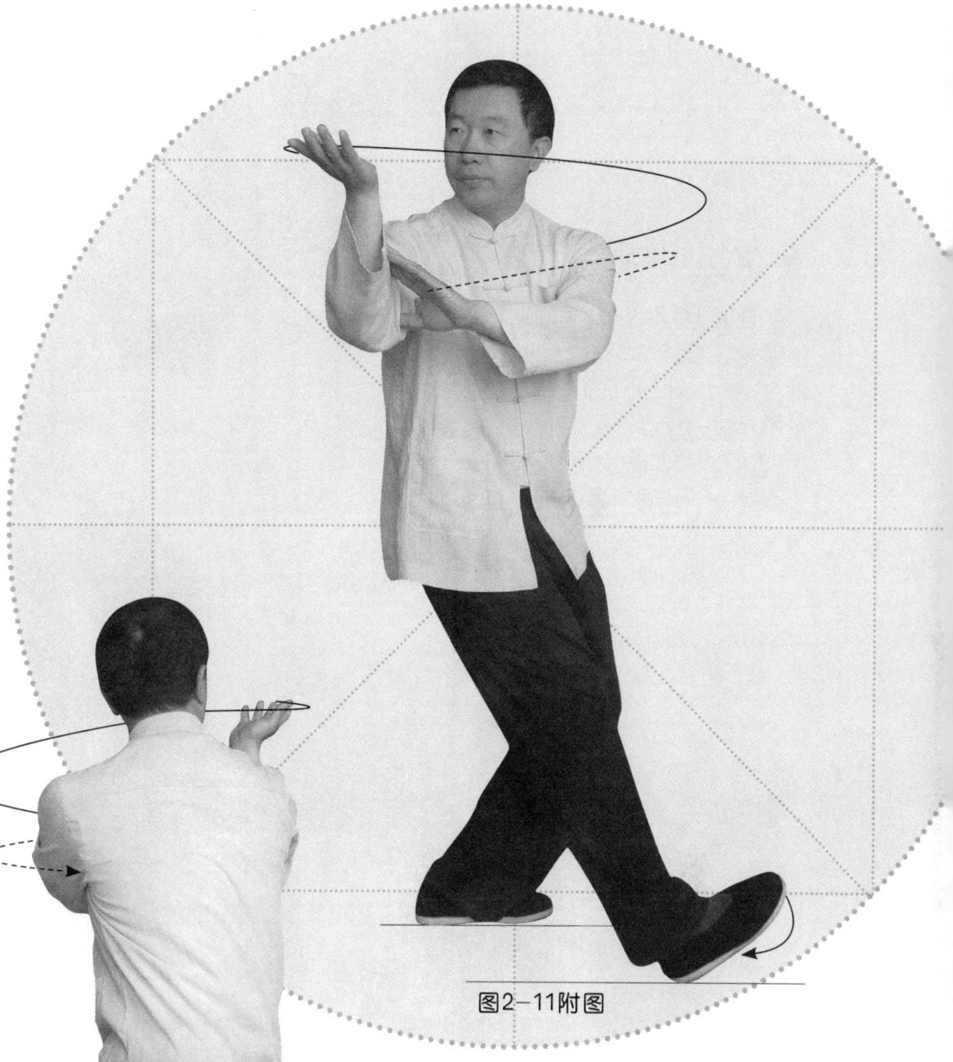
图2—11附图

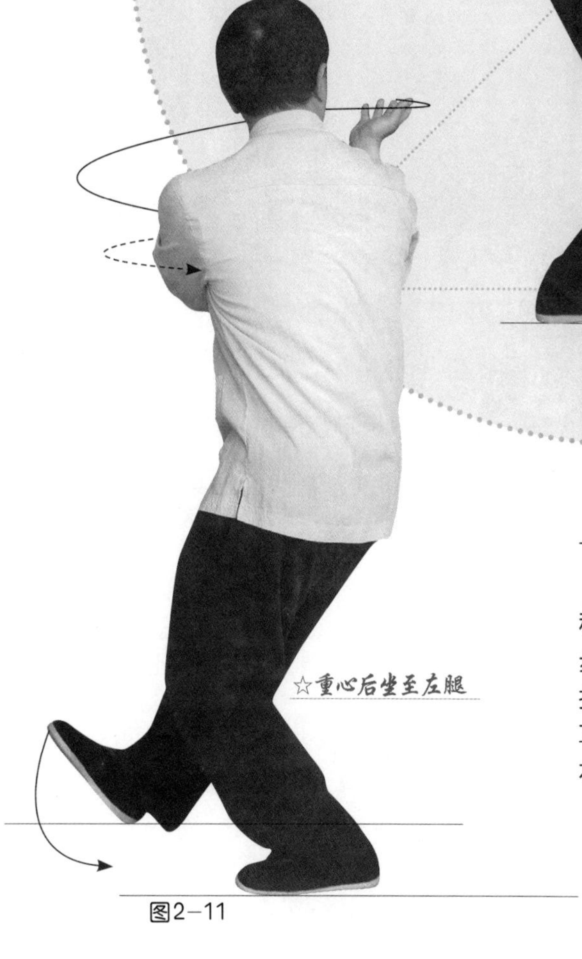

图2—11

◀ 右揽雀尾动作11

说明：上身微右转，重心后移至左腿，右脚尖翘起成右虚步；同时，右臂屈肘向右旋腕，右托掌画弧举至右肩上方，掌与右耳同高，掌心斜向上；左掌附于右前臂内侧随之运转；目视右掌。（图2-11、图2-11附图）

▼ 右揽雀尾动作12

说明：身体向左平转180°，重心移向右腿，右脚尖内扣落地；同时，右掌内旋，向左前画弧推按至胸前成侧立掌后，再向前方按出，掌心向右前方，指尖向上，腕与肩同高；左掌外旋附于右腕下方，掌心斜向上；目视右掌。（图2-12）

要点：后坐转腰松胯；重心过渡平稳自然，尾闾对正右脚跟内侧，两肩松平。

▼ 右揽雀尾动作13

说明：上身右转45°，重心移向右腿；同时，两臂向右平转45°；目视右掌。（图2-13）

★本式提示★

上步移动重心时，身体要平移，不要左右斜歪、上下起伏、掀胯凸臀；上下肢动作要相随，配合协调一致，动作连贯。

图2—12

图2—13

第三式 左单鞭

▼ 左单鞭动作1

说明：接上势，重心不变；左脚以前脚掌为轴向内踬转；右掌五指下垂变正勾手，勾尖内收；左掌仍附于右腕下方；目视右前方。（图3-1）

要点：鼻尖、膝尖、脚尖上下一线。

▼ 左单鞭动作2

说明：上肢动作与重心不变；左脚收至右踝内侧，脚尖虚点地。（图3-2）

▼ 左单鞭动作3

说明：上肢动作与重心不变；左脚向左后方撤步，脚跟外展，脚尖着地。（图3-3）

要点：撤步时不要弓腰，右勾手顶劲不丢，左脚的落点在右脚左后方45°的斜线上。

图3－1　图3－2　图3－3

图3-4附图

图3-4

◀ 左单鞭动作4

说明：身体左转，重心向左后移；左脚跟内旋，全脚落地踏实，两腿屈膝成马步，右脚跟微外展；同时，左掌变立掌，经体前向左画弧，掌心翻向外，摆至身体左前方，腕与肩同高，指尖斜向上；右勾手侧平举不变；目随左掌。（图3-4、图3-4附图）

要点：左掌拇指竖起对正鼻尖。

★本式提示★

左掌画弧时既要向前、向外，又要略向上，随之转体时，要松肩沉胯，上身不要前俯，不要挺胸、凸臀、歪头；撤步时要合胯后再撤步；单鞭马步时，上下肢动作要配合协调，肩与胯合、肘与膝合、手与足合。

第四式 提手上势

▼ 提手上势动作1

说明：接上势，上身右转，重心后移至左腿；左脚尖微内扣，右脚向左收半步；同时，左掌上举至左额前上方，掌心向前；右勾手变掌落于右胯前方；目视前方。（图4-1）

要点：转体后，臂与胯向前对正。

▼ 提手上势动作2

说明：重心不变；右脚向前上半步，脚跟着地，脚尖翘起；同时，右掌内旋，向上画弧举至胸前，掌心斜向上，虎口向前；左臂屈肘，左掌画弧下落，合按于右前臂内侧，掌心向下，两臂微屈；目视前方。（图4-2）

图4－1

图4－2

▼ 提手上势动作3

说明：重心前移；右脚尖下落，全脚掌踏实，右腿屈膝成右弓步；同时，右臂屈肘，前臂横于胸前，掌心向里，指尖向左；左掌附于右腕向前挤出，掌心向前，指尖向上；目视前方。（图4-3）

▼ 提手上势动作4

说明：上身微右转；同时，右掌外旋变勾手，下落于右胯前上方；左掌随右掌下落，附于右前臂上方；目视右掌。（图4-4）

图4－3

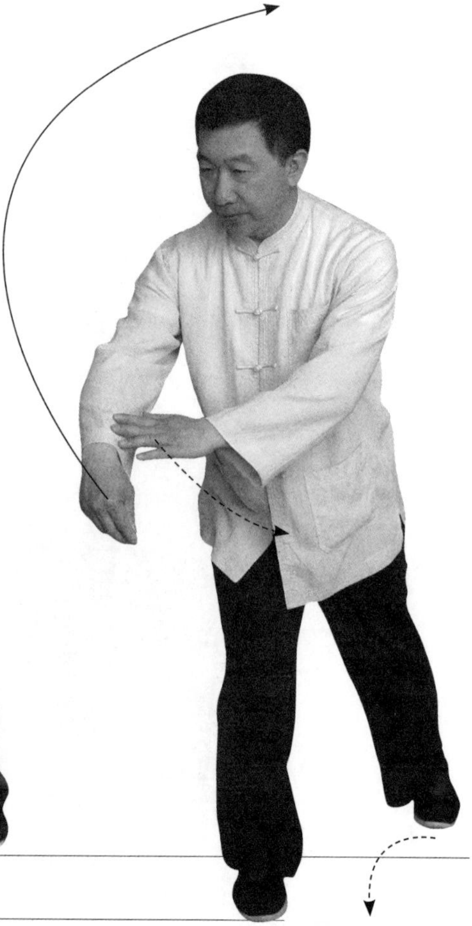

图4－4

▼ 提手上势动作5

说明：上身微左转；左脚向前收至右脚左方踏实，两脚外侧与肩同宽，两腿伸直站立；同时，右勾手逐渐内旋变掌，在身体右前方45°向右、向上画弧上掤至前额上方，掌心向外，指尖向左上；左掌下按至小腹前方，掌心向下，指尖向右；目视右掌食指。（图4-5）

图4-5

★本式提示★

右掌上掤和左掌下按时要与左脚内收保持一致，立身中正安舒；右掌上掤时身体不能倾斜、耸肩；左脚内收时腿不要僵直，两脚平行站立，两腿微弯曲；两掌要有撑劲。

第五式 白鹤亮翅

▼ 白鹤亮翅动作1

说明：接上势，两腿屈膝，松胯下蹲；左掌内旋下插至两膝中间，指尖向下；右掌随体下落；目视左掌。（图5-1）

▼ 白鹤亮翅动作2

说明：上身微左转；同时，左掌外旋，随转体向左画弧至左胯旁，掌心向前；右掌随转体平行左移；目视左掌。（图5-2）

要点：右掌要紧随转体平行左移，不要下落或向右拉开。

图5－1

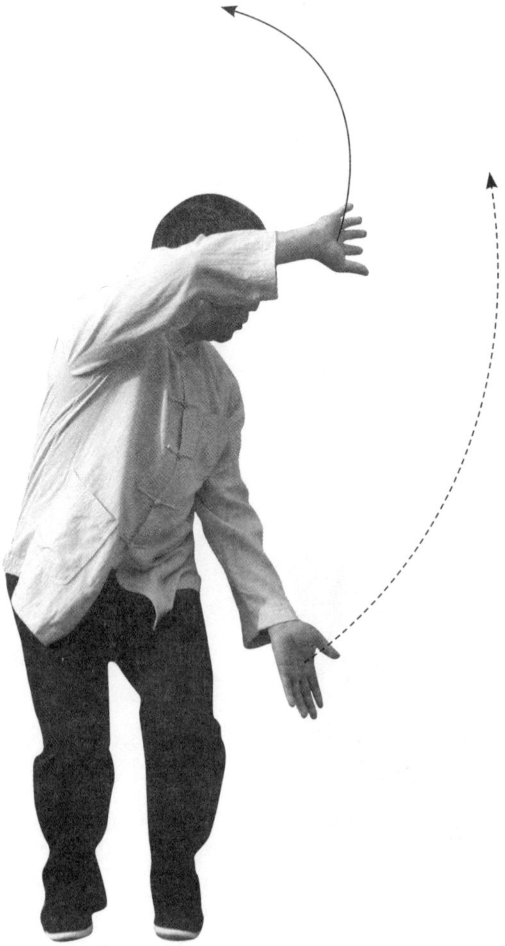

图5－2

▼ 白鹤亮翅动作3

说明：两腿徐徐伸直，站立；同时，两掌向上画弧举起；目视左掌。（图5-3）

▼ 白鹤亮翅动作4

说明：上身微右转；同时，左掌随转体向右画弧举至前额的左前方，右掌举至前额的右前方，两掌心均向前，指尖向上，两臂微屈；目视前上方。（图5-4）

要点：两手上举站立时，身必端正，周身自然。

☆两手上举站立时不要挺胸塌腰

图5—3

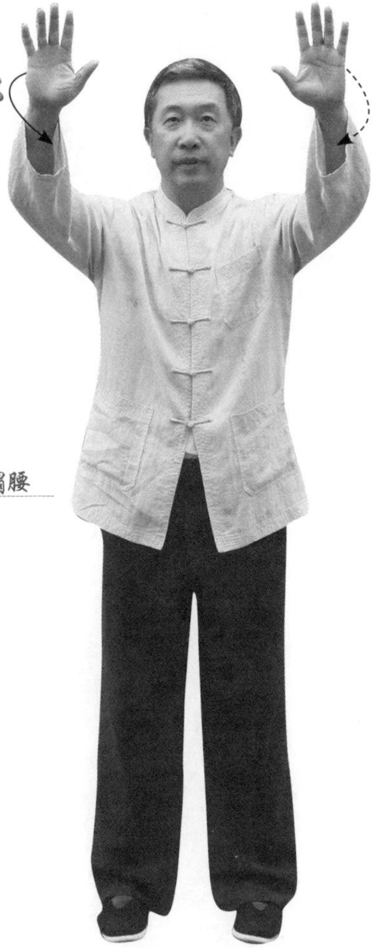

图5—4

▼ 白鹤亮翅动作5

说明：松胯，两腿屈膝微下蹲；同时，沉肩坠肘，两臂外旋下落，两掌掌心相对；目视前方。（图5-5）

▼ 白鹤亮翅动作6

说明：两腿继续屈膝下蹲；同时，掌心翻转向里，下落，腕与肩同高；目视前方。（图5-6）

要点：两腿下蹲时要敛臀、松胯、悬顶，两膝微屈圆满，两脚支撑八面而稳固厚重。

图5—5

☆两膝不要内扣或外展

图5—6

第六式 左右搂膝拗步

▼ 左右搂膝拗步动作1

说明：接上势，身体左转，重心移至右腿，左脚跟蹍转内收；同时，左掌内旋，掌心转向下后继续向左画弧搂于左侧前方，指尖向前；右掌随屈腕内旋上提至右耳侧，掌心向里，指尖向前下方；目视左掌。（图6-1）

▼ 左右搂膝拗步动作2

说明：左脚向左前方上步，脚跟着地，脚尖翘起；左掌下落至左膝外侧前上方，指尖向前；目视前方。（图6-2）

要点：上步要轻灵、沉着、稳健，虚实分明，立身中正稳固，身体不要起伏。

图6－1

图6－2

图6-3

◀ 左右搂膝拗步动作3

说明：左脚尖下落，全脚掌踏实，重心前移成马步；同时，右掌向前插出；目视前方。（图6-3）

▶ 左右搂膝拗步动作4

说明：重心前移，右脚跟外展成左弓步；同时，右掌继续向前推按成斜立掌，腕与肩同高，掌心向前，手指向上；左掌搂至左膝外侧上方；目视右掌。（图6-4）

图6-4

▼ 左右搂膝拗步动作5

说明：上身微左转；同时，右掌向左画弧，左掌收至左胯外侧；目视右掌。（图6-5）

▼ 左右搂膝拗步动作6

说明：上身微右转，重心移至左腿；右腿屈膝，右脚提起收至左小腿内侧；同时，右臂屈肘，右掌向左画弧至左肩前，掌心向左，指尖向上；目视前方。（图6-6）

要点：左腿屈膝支撑，重心稳定，无重滞迟钝，右脚虚提不落地，实中有虚。

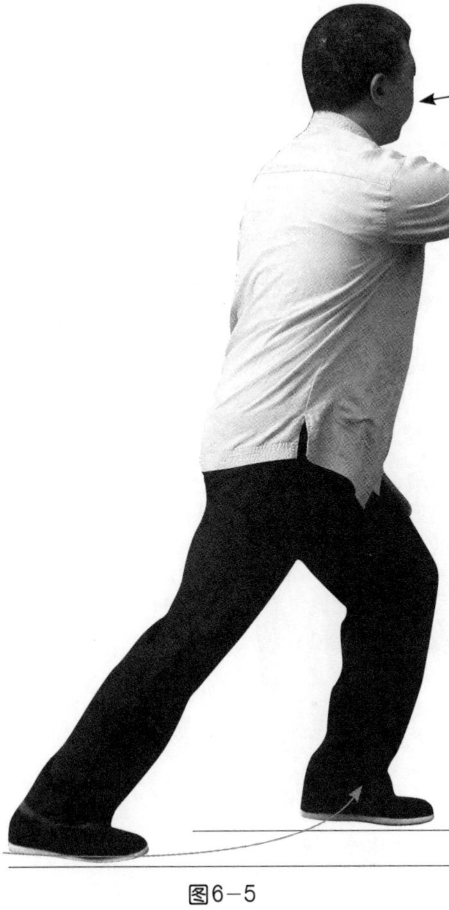

图6－5

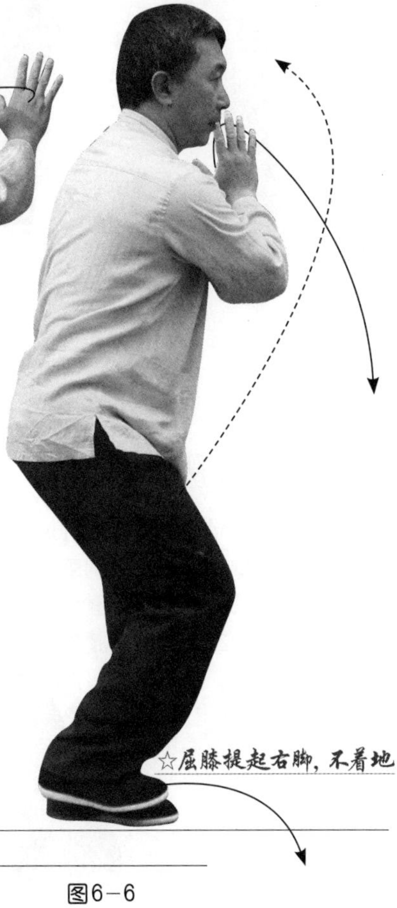

图6－6

图6－7

◀ 左右搂膝拗步动作7

说明：上身微右转；右脚向右前方上步，脚跟着地，脚尖翘起；同时，右掌内旋下落，向下、向右搂按至右膝外侧上方，掌心向下，指尖向前；左掌经体前向上画弧提至左耳上方，指尖下垂，掌心向里；目视前方。（图6-7）

▶ 左右搂膝拗步动作8

说明：重心前移；右脚尖下落，全脚掌踏实成右弓步；同时，左掌向前推出，腕与肩同高，掌心向前，指尖向上；右掌搂至右膝外侧上方；目视前方。（图6-8）

图6－8

◀ 左右搂膝拗步动作9

说明：上身微右转；左臂屈肘，左掌向右画弧；目视左掌。（图6-9）

图6－9

▶ 左右搂膝拗步动作10

说明：同动作7，唯左右方向相反。（图6-10）

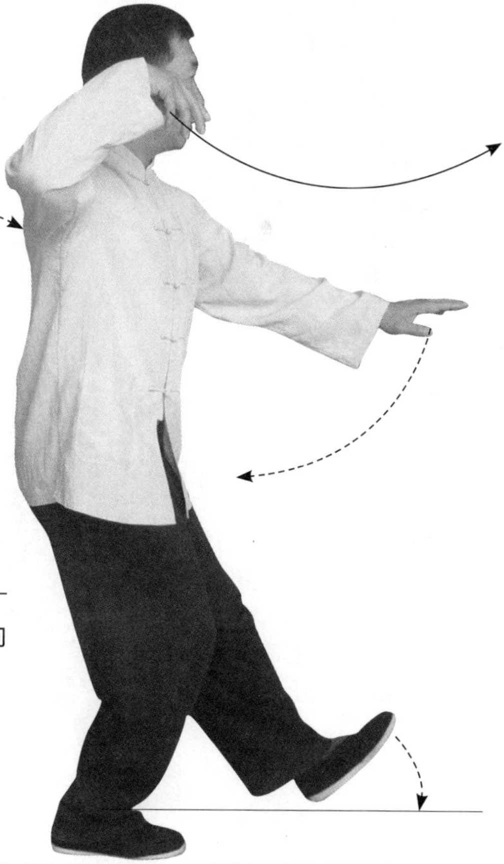

图6－10

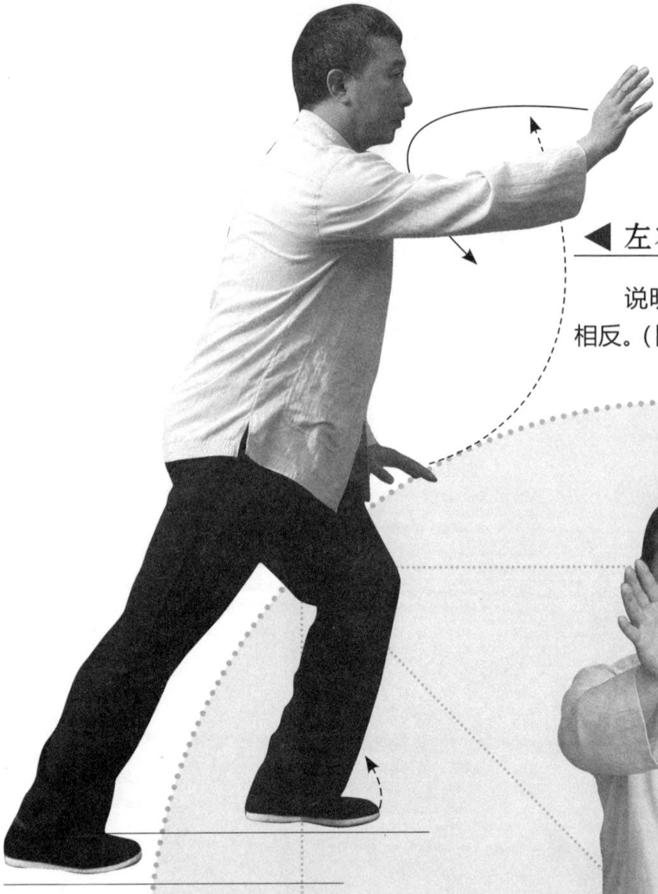

◀ 左右搂膝拗步动作11

说明：同动作8，唯左右方向相反。（图6-11、图6-11附图）

图6-11

图6-11附图

★本式提示★

此式三个搂膝拗步势要一个接一个，圆活连贯，不能间断。每一势都要有起、承、转、合，虚腿实腿交替柔顺，一手弧搂一手前击均以腰带动。

手法与步法协调一致，进步时不要弓腰，定势斜中正，动势立中行。

第七式　手挥琵琶

图7-1

◀ 手挥琵琶动作1

说明：接上势，身体后坐，重心移至右腿；右腿屈膝，左脚尖翘起，脚跟着地成左虚步；同时，左掌外旋向前上方伸出，掌心斜向上，腕与肩同高；右掌向左、向下画弧附于左前臂内侧；目视左掌。（图7-1）

▶ 手挥琵琶动作2

说明：上身右转，重心左移，左脚尖落地踏实成半马步；同时，左掌内旋，掌心向下，右掌外旋，掌心向上，两掌一起向右、向前画弧至胸前；目视前方。（图7-2）

图7-2

图7-3

◀ 手挥琵琶动作3

说明：上身左转，重心左移成左弓步；同时，两掌向左、向前、向上画弧至身体左前方，左掌与肩同高，右掌下附于左前臂内侧；目视左掌。（图7-3）

要点：腰身随着手臂的屈伸转动协调。

▶ 手挥琵琶动作4

说明：重心移至左腿；右脚上步，收于左脚内侧，与左脚平行，两脚间距约20厘米。（图7-4）

要点：右脚步起步落轻灵稳健。

图7-4

图7–5附图

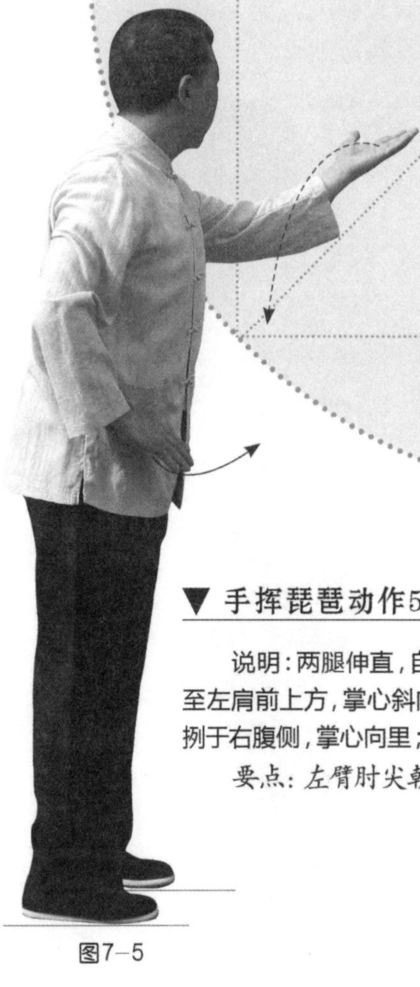

图7–5

▼ 手挥琵琶动作5

说明：两腿伸直，自然站立；同时，左掌外旋上穿托至左肩前上方，掌心斜向上，手腕稍高于肩；右掌内旋下捌于右腹侧，掌心向里；目视左掌。（图7-5、图7-5附图）

要点：左臂肘尖朝下。

★本式提示★

此式为蓄势待动、守中有攻的拳势，要采用穿托、采捌之劲。两脚自然站立，定心静气；两手臂一伸一屈，前后呼应。

第八式 进步搬拦捶

▼ 进步搬拦捶动作1

说明：接上势，上身微右转，重心落于两腿间；两腿屈膝下蹲成马步；同时，右掌外旋，掌心向上，指尖向前；左掌内旋，掌心向下，屈臂画弧落至右掌上方，指尖向右，两掌心上下相合，相距约10厘米，两掌置于右膝前上方；目视前方。（图8-1）

▼ 进步搬拦捶动作2

说明：上身右转，重心移至右腿；左脚向左前方上步，脚跟着地，脚尖翘起；同时，两掌随转体向右平移；目视右前方。（图8-2）

图8—1

图8—2

▼ 进步搬拦捶动作3

说明：上身左转，重心前移；左腿屈膝，左脚尖松落踏实成左弓步；同时，两掌向左前上方画弧置于胸前，腕与肩同高，指尖向左前方；目视左掌。（图8-3）

图8－3

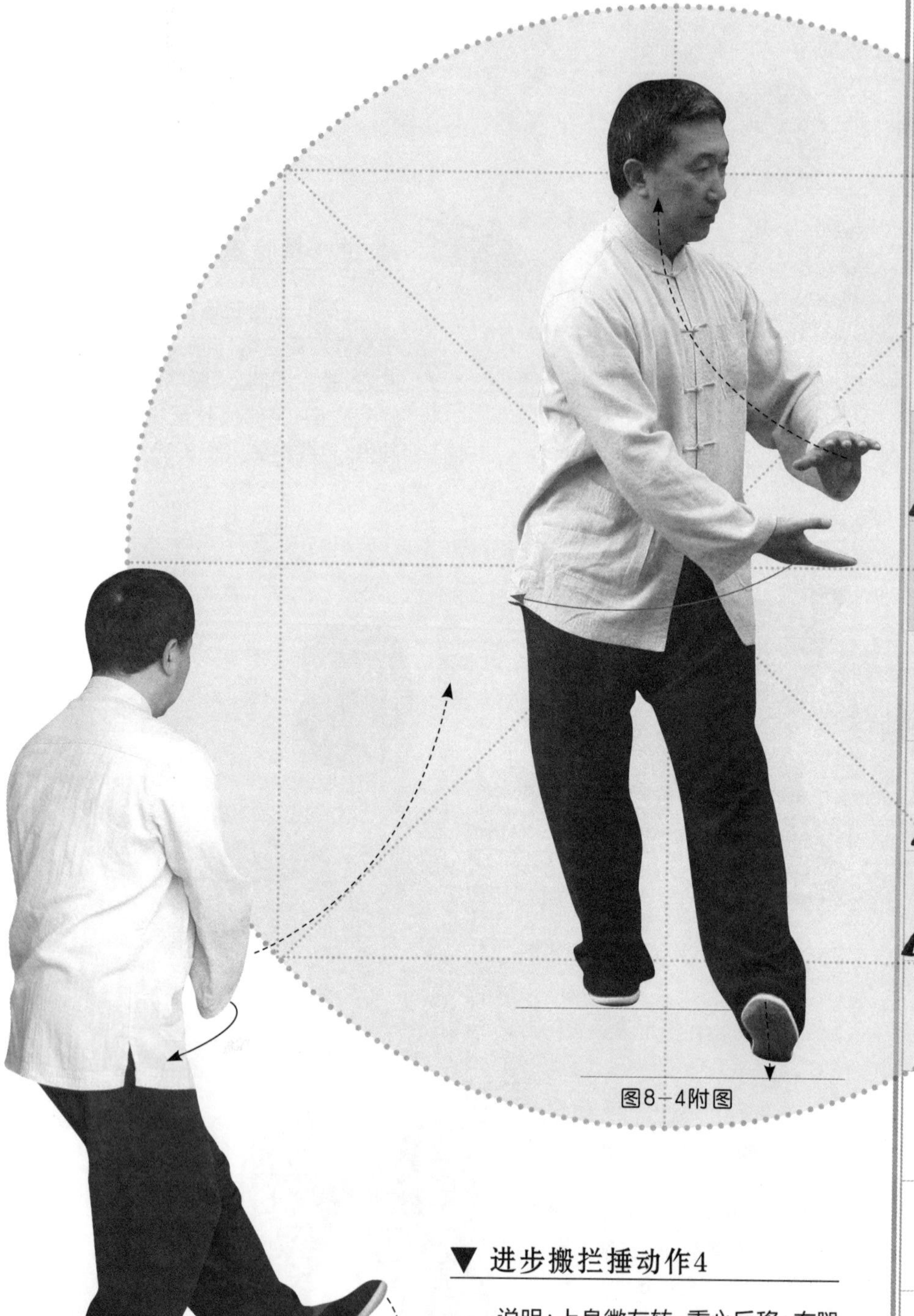

图8-4附图

图8-4

▼ 进步搬拦捶动作4

说明：上身微左转，重心后移；右腿屈膝，左脚尖翘起成左虚步；同时，两掌向左、向下画弧至左胯前方，左掌指尖向前，右前臂横置于腹前，右掌指尖向左；目视左掌。（图8-4、图8-4附图）

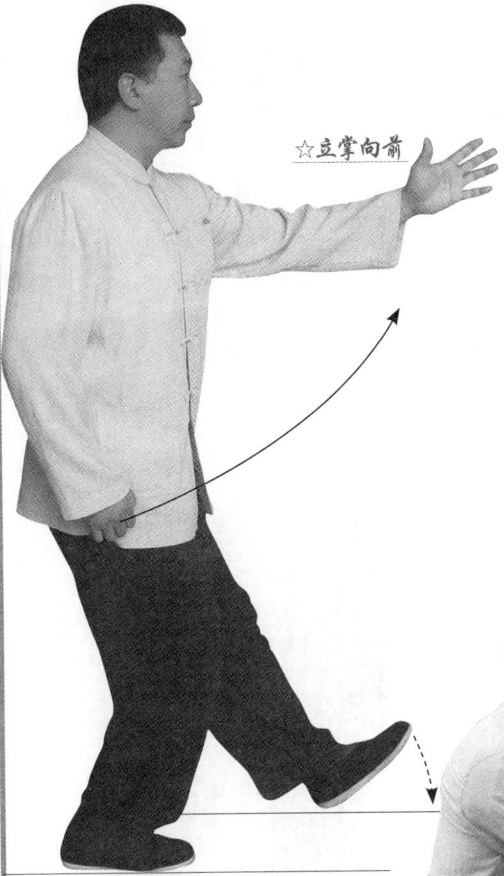

图8－5

◀ 进步搬拦捶动作5

说明：上身右转，重心不变；同时，左掌外旋变立掌，向前、向上伸出，掌心向右，指尖斜向上，腕与肩同高；右掌内旋变立拳，随转体收至右胯外侧，拳心向里；目视左掌。（图8-5）

图8－6

▶ 进步搬拦捶动作6

说明：重心前移，左脚尖松落踏实；同时，左掌不动，右拳向胸前打出；目视左掌。（图8-6）

图8—7附图

图8—7

◀ 进步搬拦捶动作7

说明：重心前移成左弓步；同时，右拳继续经左臂下方向前上方打出，拳与肩同高；左掌收按于右前臂内侧；目视右拳。（图8-7、图8-7附图）

要点：此式左脚上步、两腿虚实变化，都要在松腰落胯的状态下进行，并带动手脚速度均匀、上下相随地协调运动。捶击时，弓腿、出拳、收掌要一气呵成。出拳不能直臂远伸，握拳不宜紧实。

★本式提示★

两掌相合，随转体在体前画一斜圆，再前后分开，接做打捶动作；握拳松紧要适度；整式动作要连贯，身、手协调一致。

第九式 如封似闭

▶ 如封似闭动作1

说明：接上势，重心与身体不变；右拳不动，左臂屈肘横于胸前，左掌经右前臂下方穿至右上臂外侧，塌腕，掌心向右，手指向上；目视右拳。（图9-1）

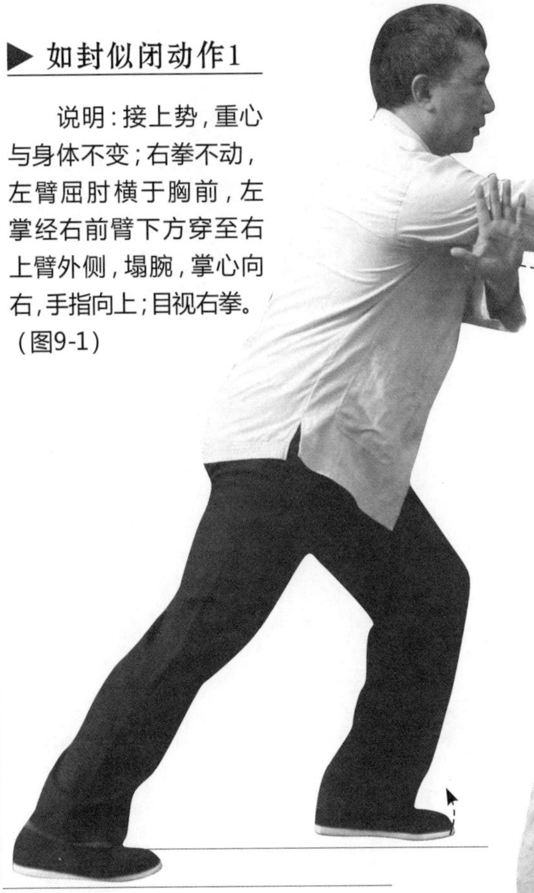

图9－1

图9－2

▶ 如封似闭动作2

说明：身体后坐，重心后移；右腿屈膝半蹲，左脚尖翘起；同时，左掌外旋，经右肘下方向前伸至右腕处，掌心向内；右臂微屈，右拳变掌，外旋回收，当两掌合至胸前时，两腕相搭，左掌在外，右掌在里，掌心均向内，腕与肩同高；目视前方。（图9-2）

▼ 如封似闭动作3

说明：重心继续后移，坐实右腿；两臂屈肘下落，两掌左右分开，收举至两肩前，掌心向内，指尖向上，两掌略宽于肩；目视前方。（图9-3）

要点：右腿为实，臀部坐至与右后脚跟齐，左膝微屈。

▼ 如封似闭动作4

说明：重心前移，左脚尖落地踏实；同时，两掌内旋翻转，掌心向前，指尖向上；目视前方。（图9-4）

图9－3

图9－4

图9－5

◀ 如封似闭动作5

说明：重心前移成左弓步；同时，两掌向前推出，掌心向前，指尖向上，腕与肩同高、同宽，两臂微屈；目视前方。（图9-5）

▶ 如封似闭动作6

说明：上身前俯；同时，两掌向前、向下按于体前，高与腹平，掌心向下，指尖向前；目视两掌。（图9-6）

要点：此式重心前后移动时两肩两胯始终保持上下相合、齐退齐进。

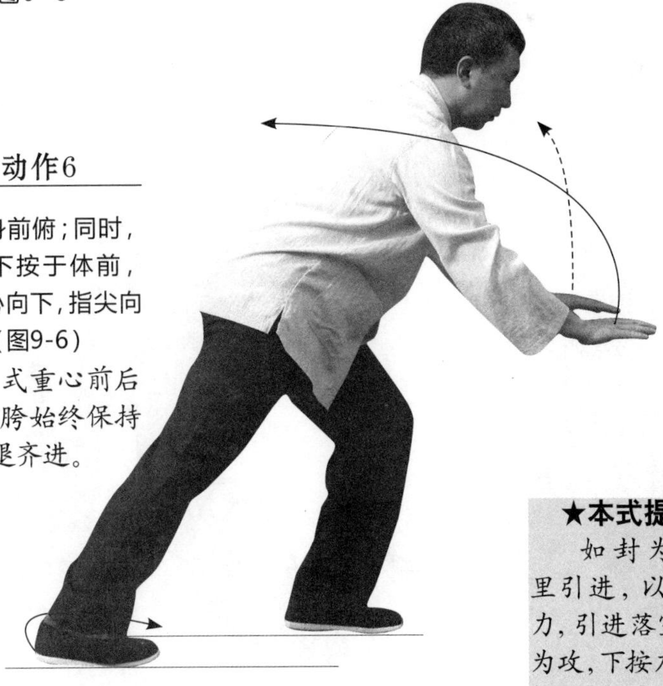

图9－6

★本式提示★

如封为守，向里引进，以化解敌力，引进落空；似闭为攻，下按力点在掌根，要松肩、含胸。

第十式 十字手

图10－1

▶ 十字手动作1

说明：接上势，身体右转，重心右移；右脚掌向右蹍转，两腿屈膝半蹲成马步；同时，左掌上抬，右掌向上、向右画弧至右肩前方，两掌与肩同高，掌心向下；目视右掌。（图10-1）

图10－2

◀ 十字手动作2

说明：身体右转，重心右移成右弓步；左脚脚跟外展；同时，两掌左右平分成前侧举，掌心均斜向下；目视右掌。（图10-2）

▼ 十字手动作3

说明：身体徐徐站起；右腿伸直，左脚收提至右脚左侧，两脚平行，与肩同宽；同时，两掌由两侧画弧向上举至额侧前方，掌心斜相对，手指向上；目视右掌。（图10-3）

要点：两掌上举时，头须上顶，腰要松沉直竖。

▼ 十字手动作4

说明：重心移至两腿之间，左脚落地踏实；同时，两掌在头顶上方相搭，两腕交叉，右掌在后，左掌在前，掌心均向外，指尖斜向上；目视前方。（图10-4）

要点：两臂上举，两腕相搭要有上掤之意，环臂圆满。

图10－3

图10－4

▼ 十字手动作5

说明：两腿慢慢屈膝下蹲；同时，两掌向内下落至胸前成十字；目视前方。（图10-5）

要点：两腿屈蹲时要虚领顶劲，立身中正安舒。

▼ 十字手动作6

说明：两掌自然下落至双胯外侧，掌心向下，指尖向前；目视前方。（图10-6）

★本式提示★

屈膝、松胯与两掌同时下落成十字手时要协调一致。

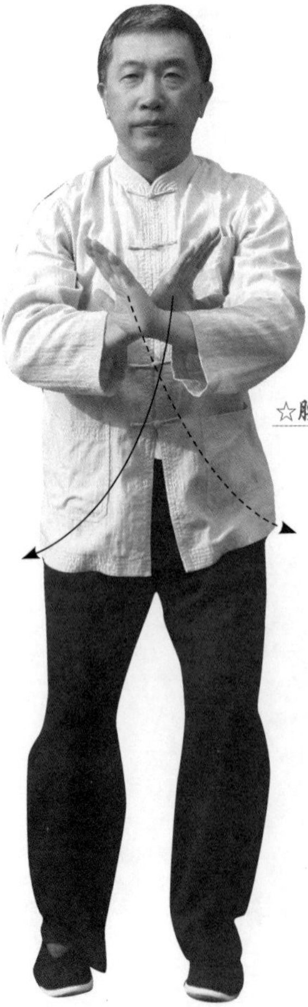

图10－5

图10－6

第十一式 左揽雀尾

▼ 左揽雀尾动作1

说明：接上势，上身微左转；重心移至右腿；同时，左掌向下经腹前搂至左膝前上方，掌心向下；右臂屈肘，右掌屈腕提至右耳外侧，掌心向下，指尖下垂；目视左掌方向。（图11-1）

▼ 左揽雀尾动作2

说明：重心不变；左脚向左前方上步，脚跟着地，脚尖翘起；同时，目视左前方。（图11-2）

图11-1

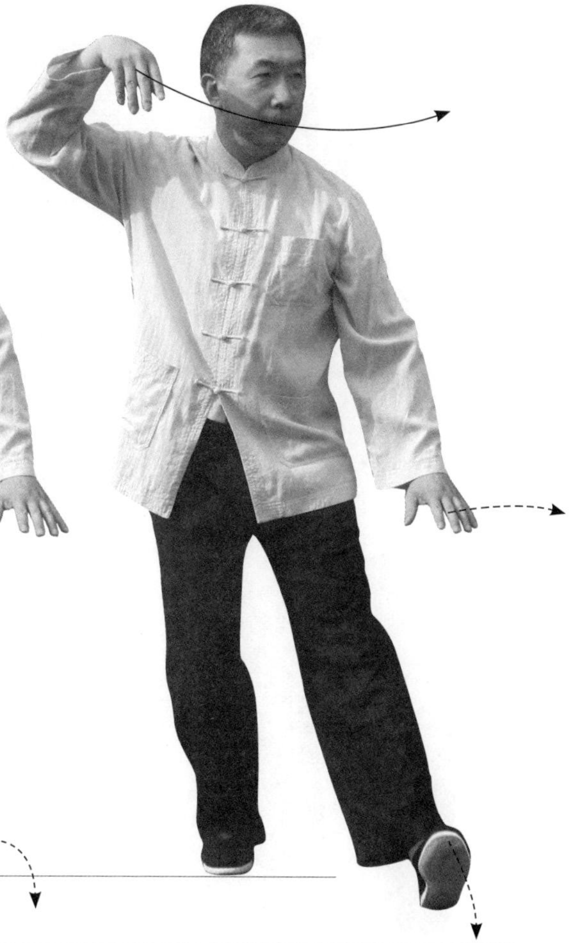

图11-2

▼ 左揽雀尾动作3

说明：重心前移；左脚尖下落，全脚掌踏实，左腿屈膝成左弓步；同时，右掌变立掌向前推出，腕与肩同高，掌心向前，手指向上；目视右掌。（图11-3）

要点：与左右搂膝拗步动作图6—3、图6—4基本相同，唯步距略宽。

▼ 左揽雀尾动作4

说明：右掌外旋，掌心向上，指尖向前；左掌上提，附于右肘上方；目视右掌。（图11-4）

图11—3

图11—4

图11—5

◀ 左揽雀尾动作5

说明：左掌经右肘上方向右前上方画弧，指尖与鼻同高，掌心向前下方；右掌回收，附于左前臂内侧下方；目视左掌。（图11-5）

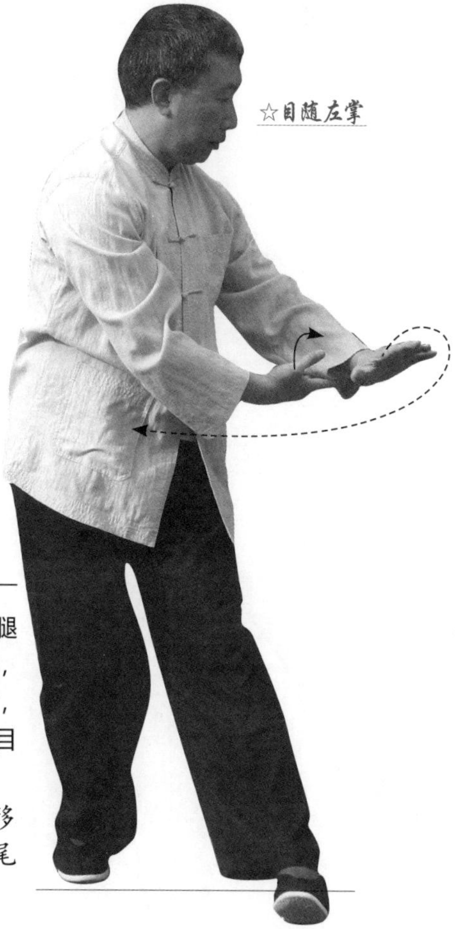

图11—6

▶ 左揽雀尾动作6

说明：上身左转，重心后移至右腿；右腿屈膝，左腿伸直，脚尖翘起，脚跟着地；同时，左臂向左、向下屈肘，左掌收至左胯前上方，掌心向下，指尖向前；右掌附于左腕下方；目视左掌。（图11-6）

要点：后坐时，右膝先松屈；重心移动平稳，不要上下起伏；重心坐实后，尾闾对正右腿内侧，左胯不要外凸。

▼ 左揽雀尾动作7

说明：上身右转；左掌外旋，掌心向上；右掌内旋，掌心向下附于左前臂内侧，随转体向右收至腹前。（图11-7）

▼ 左揽雀尾动作8

说明：重心向左前移；左脚尖落地踏实，左腿屈膝成半马步；同时，左掌向右、向前、向左上画弧至胸前，指尖与鼻同高；右掌附于左前臂内侧；目视左掌。（图11-8）

图11-7

图11-8

▼ 左揽雀尾动作9

说明：上身左转，重心继续前移至左腿成弓步；同时，两掌继续画弧至左前方，手腕与肩同高；目视左掌。（图11-9）

▼ 左揽雀尾动作10

说明：身体后坐，重心移至右腿，左脚尖翘起，上身继续左转；同时，左臂屈肘向左旋腕，画弧举至左肩处，掌与耳同高，掌心斜向上；右掌附于左前臂内侧，随右臂运转；目视左掌。（图11-10）

图11—9

图11—10

▼ 左揽雀尾动作11

说明：身体向右前平转180°，左脚尖内扣落地，重心移至左腿；同时，左掌随转体内旋，向右前画弧推按至胸前，成侧立掌，再向前方按出，掌心向左前方，指尖向上，腕与肩同高；右掌外旋附于左腕下方，掌心斜向上；目视左掌。（图11-11）

▼ 左揽雀尾动作12

说明：上身左转45°；左掌向左前方按出，右掌附于左腕下方；目视左掌。（图11-12）

★本式提示★

此式左臂既要轻灵圆活，又要柔软沉重，刚柔内合，富有弹性和韧性；右手辅以衬劲，领会粘黏连随。

图11–11

☆肩顺胯合

图11–12

第十二式 右单鞭

▼ 右单鞭动作1

说明：接上势，重心不变；左掌五指下垂变正勾手，勾尖内收；右掌仍附于右腕下方；目视左前方。（图12-1）

要点：上下肢动作形成一体，不要脱节；要保持腰的正直和臀胯松正；防止凸臀等弊病；转动角度要准确，重心平稳，不要起伏。

▼ 右单鞭动作2

说明：上肢动作与重心不变；右脚向右后方撤步，脚跟外展，脚尖着地。（图12-2）

图12－1

图12－2

图12—3附图

图12—3

◀ 右单鞭动作3

说明：上身右转，重心右移；右脚跟内旋，全脚落地踏实，左脚跟外蹍，两腿屈膝成马步；同时，右掌变立掌，经体前向右画弧，掌心翻转向外，摆至身体右前方，腕与肩同高，指尖斜向上；左勾手侧平举不变；目视右掌。（图12-3、图12-3附图）

★本式提示★

右掌随转体画弧时，既要向前、向外，又要略向上，要松肩沉胯，上身不要前俯、挺胸、凸臀、歪头；撤步时先合胯后再撤步；单鞭马步时，上下肢动作要配合协调，肩与胯合、肘与膝合、手与足合。

第十三式 右下势

图13－1

◀ 右下势动作1

说明：接上势，上身右转，重心右移；右脚以脚掌为轴，脚跟内收；左脚以脚掌为轴，脚跟外展提起；同时，右掌内旋，掌心向外，指尖向前，随转体向右画弧平搂至身体右侧；左勾手下落内旋变反勾。（图13-1）

图13－2

◀ 右下势动作2

说明：身体右转，左脚向左后方上步成弓步，脚尖点地；同时，左勾手舒伸五指，变掌下按向左膝前捋，再向左前上方掤起，画弧至胸前，掌心向右；右臂外旋，右掌心向左；两臂平行举于体前，掌心相对，与肩同高、同宽，指尖均向前；目视前方。（图13-2）

要点：右臂拧转伸直，与左臂动作运行协调一致，两臂随腰胯转动有左右搓合之劲。

◀ 右下势动作3

说明：重心稍后移；左脚跟下落，立身；目视前方。（图13-3）

图13－3

▶ 右下势动作4

说明：上身左转，重心左移；左脚跟内收，左腿屈膝成半马步；同时，两掌内旋，掌心均向外，指尖向上，腕与肩同高；目视前方。（图13-4）

图13－4

▶ 右下势动作5

说明：身体左转，右脚跟外展，两腿正向成马步；同时，两掌向左画弧平移至正前方；目视前方。（图13-5）

图13－5

◀ 右下势动作6

说明：上身左转，重心左移；左腿屈膝成左弓步；同时，两掌向左画弧至左肩外侧，腕与肩同高；目视两掌。（图13-6）

图13－6

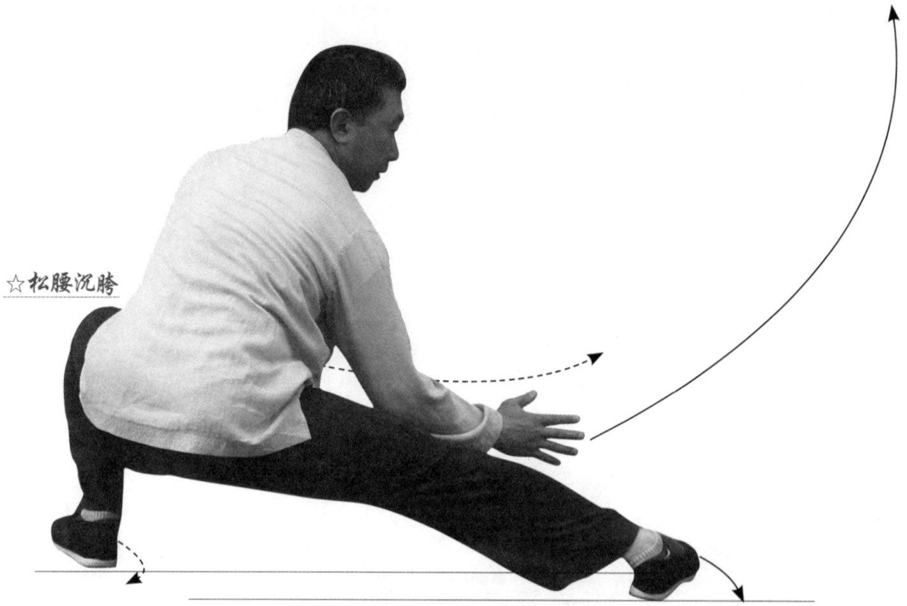

图13—7

▲ 右下势动作7

说明：上身右转，重心下落；左腿屈膝全蹲成右仆步；同时，两掌画弧下按至右膝前内侧，右指尖与右脚尖成一竖线后，再经腹前沿右腿内侧向前穿出，右掌穿至右踝上方，左掌穿至右膝内侧，两掌掌心相对，拇指向上；目视右掌。（图13-7、图13-7附图）

要点：仆步下势时，要松腰沉胯，提顶立身，上身尽量保持正直。

★本式提示★

重心左移下蹲，胯要松沉，腰要竖直，身心中正安舒，裆部虚圆，两胯根撑开，不可低头弯腰，身体有下坐之劲沉来。

图13—7附图

第十四式 金鸡独立

图14-1

◀ 金鸡独立动作1

说明：接上势，上身右转立身，重心右移；左腿蹬伸，左脚跟外踝；右腿屈膝成右弓步，右脚尖外摆；同时，右掌随转体向前、向上穿伸至胸前，指尖向前，与鼻同高；左掌贴于右腹前方；目视右掌。（图14-1）

要点：先以右脚尖外撇，继而上体平行前移，重心慢慢前移，右腿屈弓。

▶ 金鸡独立动作2

说明：重心与身体不动；同时，左掌穿至右肘下方，掌心向上，指尖向右；目视左掌。（图14-2）

图14-2

▼ 金鸡独立动作3

说明：上身微左转，重心移至右腿；右腿自然伸直，左腿提膝至身体前方，脚尖微外撇上翘，胯向外展；同时，左掌内旋，经右臂外侧向左前上方掤挑至左额前上方，掌心斜向上，指尖向右；右掌内旋下按至左膝内侧，掌心向下，指尖向左；目视前方。（图14-3）

要点：独立势时要有上领下蹬，拳弥六合（即心与意合、意与气合、气与劲合、手与足合、肩与胯合、肘与膝合）。上托之手，屈肘不宜过度；支撑腿要收胯、微屈，不要用力挺直。

▼ 金鸡独立动作4

说明：右腿屈膝；左腿舒伸，左脚向左前方落步，脚跟着地，脚尖翘起；同时，左掌外旋向前下落，与肩同高，掌心向右；右掌内旋，下落至右腹前方，掌心向里；目视左掌。（图14-4）

图14－3

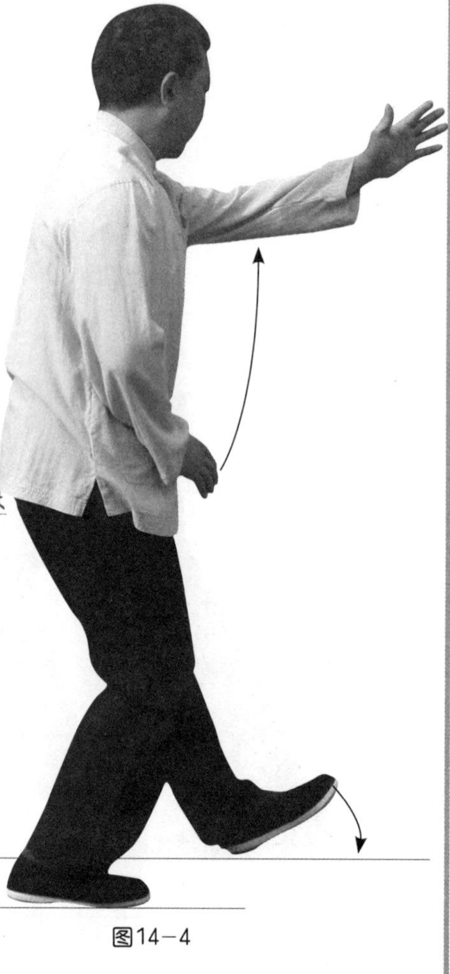

图14－4

▼ 金鸡独立动作5

说明：上身左转，重心前移；左脚尖落地踏实，左腿屈膝成左弓步；同时，右掌穿至左肘下方，掌心斜向上；目视右掌。（图14-5）

图14－5

▼ 金鸡独立动作6

说明：上身微右转，重心移至左腿；左腿自然伸直，右腿提膝至身体前方，脚尖微外撇上翘，胯向外展；同时，右掌内旋，经左臂外侧向右前上方掤挑至右额前上方，掌心斜向上，指尖向左；左掌内旋下按至右膝内侧，掌心向下，指尖向右；目视前方。（图14-6、图14-6附图）

图14—6附图

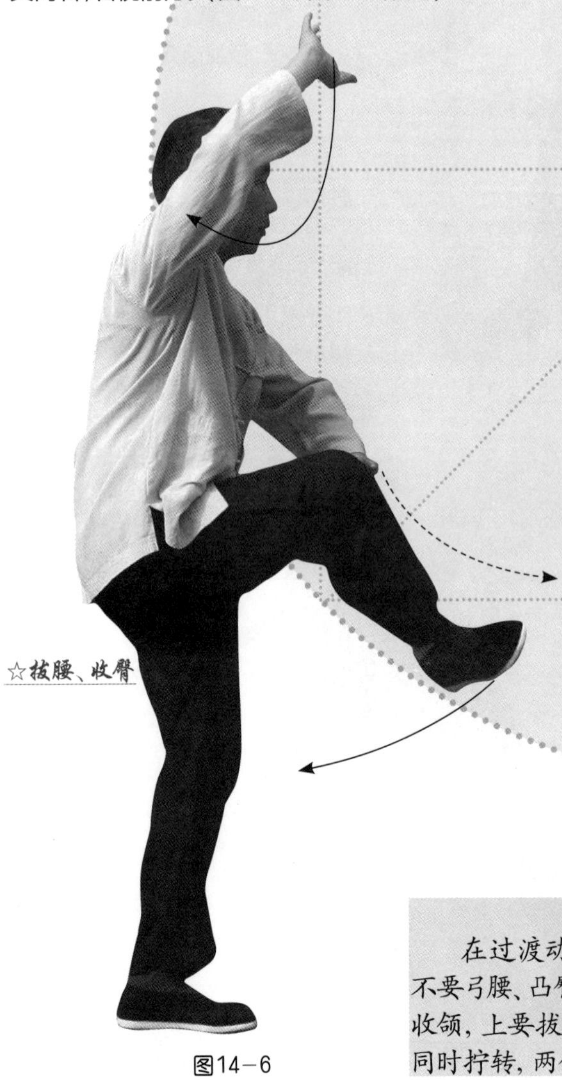

图14—6

★本式提示★

在过渡动作时，上身要保持适度直立，不要弓腰、凸臀；单腿独立时要站稳，要悬顶、收颌，上要拔腰、下要收臀，穿手上伸要与身体同时拧转，两臂有上下撑圆之势。

第十五式　左右倒卷肱

◀ 左右倒卷肱动作1

说明：接上势，左腿微屈膝，右脚微下落；同时，左掌外旋向前推出，掌心斜向上，指尖向下；右臂屈肘，右掌外旋扣腕下落提收至右耳侧，掌心向里，指尖斜向下；目视前方。（图15-1）

图15－1

▶ 左右倒卷肱动作2

说明：右脚向后落步成左弓步；同时，右掌变为立掌向胸前推按，掌心向前，指尖向上，腕与肩同高；左掌内旋，搂至左膝外侧上方；目视右掌。（图15-2）

图15－2

◀ 左右倒卷肱动作3

说明：上身微左转，身体后坐，重心移至右腿，右腿屈膝，左脚尖翘起；同时，左臂屈肘，左掌外旋扣腕上提收至左耳侧，掌心向里，指尖斜向下；右掌画弧下按至左腹前上方，掌心向下，手指向左前方；目视右掌。（图15-3）

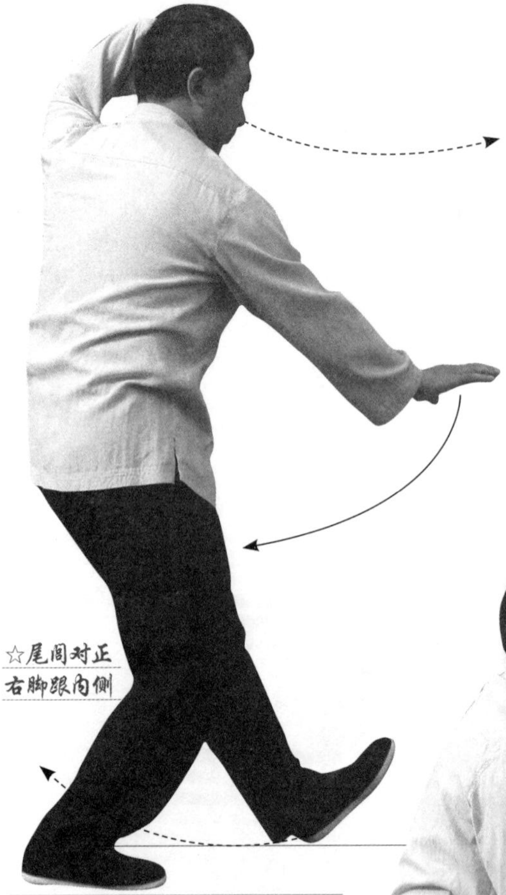

图15－3

▶ 左右倒卷肱动作4

说明：上身微右转，重心全部移至右腿；左腿屈膝收提，脚踝放松，脚尖自然下垂；同时，左掌向前推出，掌心向右；右掌搂至右膝外侧上方，掌心向下；目视左掌。（图15-4）

要点：为保持身体平稳，下盘要稳固，不能起立，重心基本维持在一个水平线上。

图15－4

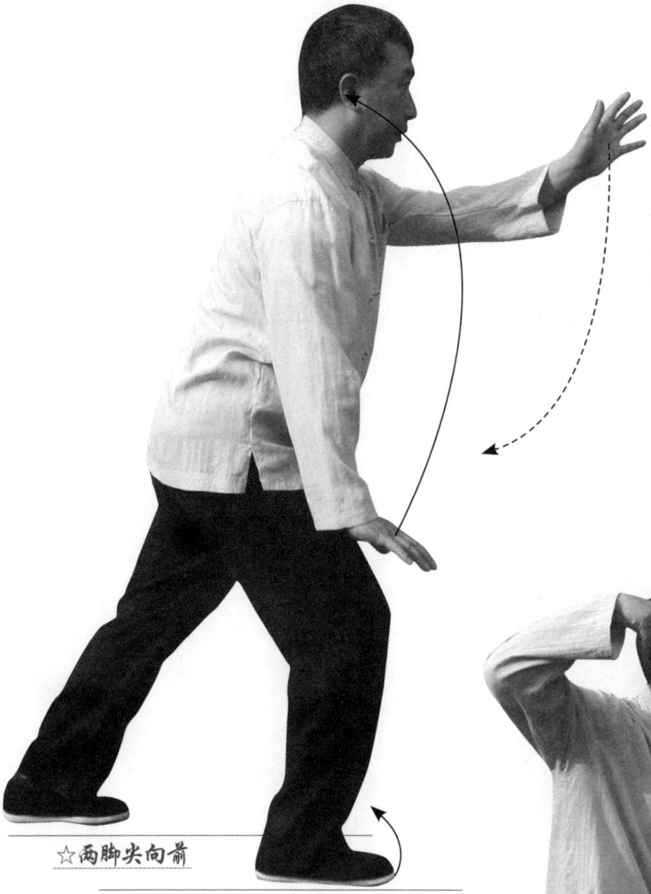

图15－5

◀ 左右倒卷肱动作5

说明：左脚向后撤步成右弓步；同时，左掌变为立掌向胸前推按；目视左掌。（图15-5）

要点：虚悬的左脚不可直线后退，要保持一定的横向距离，避免叠步的毛病。

▶ 左右倒卷肱动作6

说明：与动作3相同，唯左右相反。（图15-6）

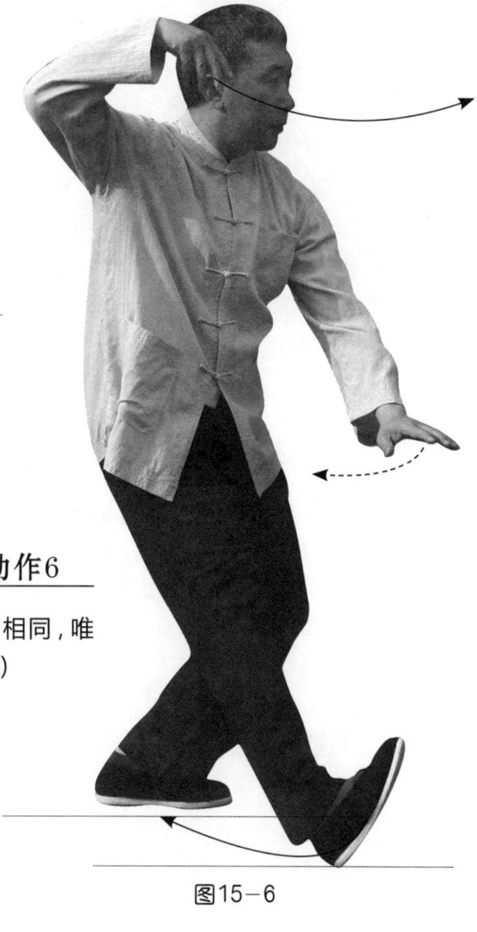
图15－6

◀ 左右倒卷肱动作7

说明：与动作4相同，唯左右相反。（图15-7）

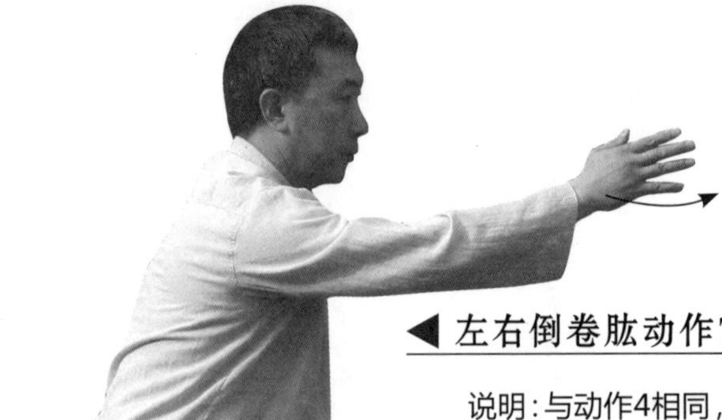

图15—7

▼ 左右倒卷肱动作8

说明：与动作5相同，唯左右相反。（图15-8）

图15—8

★本式提示★

后坐时，后腿为实，尾闾对正后腿脚跟内侧；重心腿膝盖对正脚尖，不要歪胯、凸臀。注意两肩平整，不可一高一低，要贯彻沉肩、垂肘、坐腕的原则。前推下搂有呼应之势，节奏匀整。

第十六式 右海底针

◀ 右海底针动作1

说明：接上势，重心后移，右腿屈膝；同时，右掌外旋，松腕前伸，指尖向前，掌心向左，腕与肩同高；左掌松腕外旋，五指松垂向下，掌心向右，落于左胯外侧；目视右掌。（图16-1）

图16－1

▶ 右海底针动作2

说明：重心后坐，左脚尖翘起；目视右掌。（图16-2）

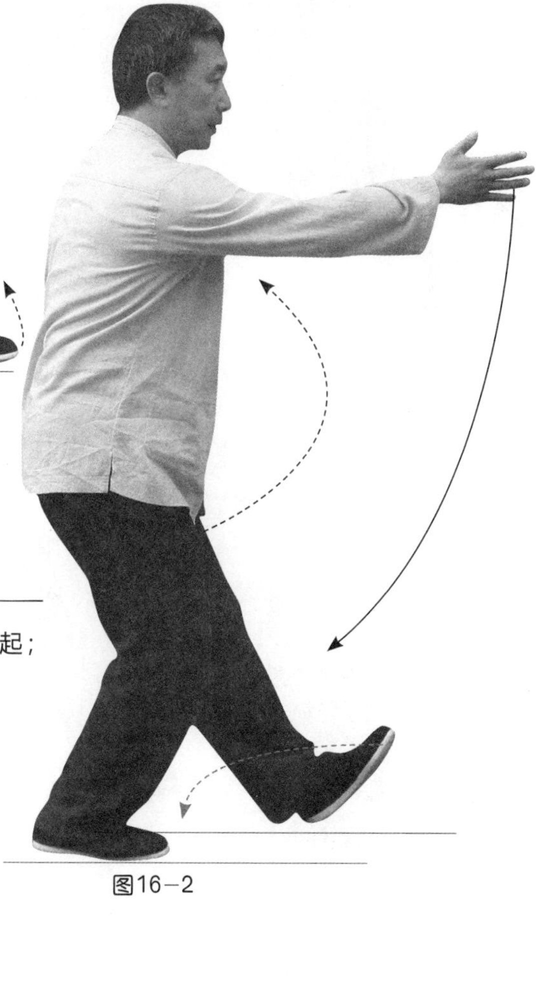

图16－2

▼ 右海底针动作3

说明：重心下落；两腿屈膝下蹲，左脚收至右脚内侧，脚尖虚点地；同时，右臂微屈垂落于体前，右掌下插于两腿前方，掌心向左，指尖向下，距地面约20厘米；左臂向右上屈肘，左掌经胸前画弧斜掤至右肩前上方，掌心向右，指尖向上；目视前方。（图16-2）

图16－3

★本式提示★

定势下蹲时，身要端正，眼要平视；右掌下插要劲起脚跟，通于背脊，以肩催肘，以肘催手，节节贯串。

第十七式　左闪通背

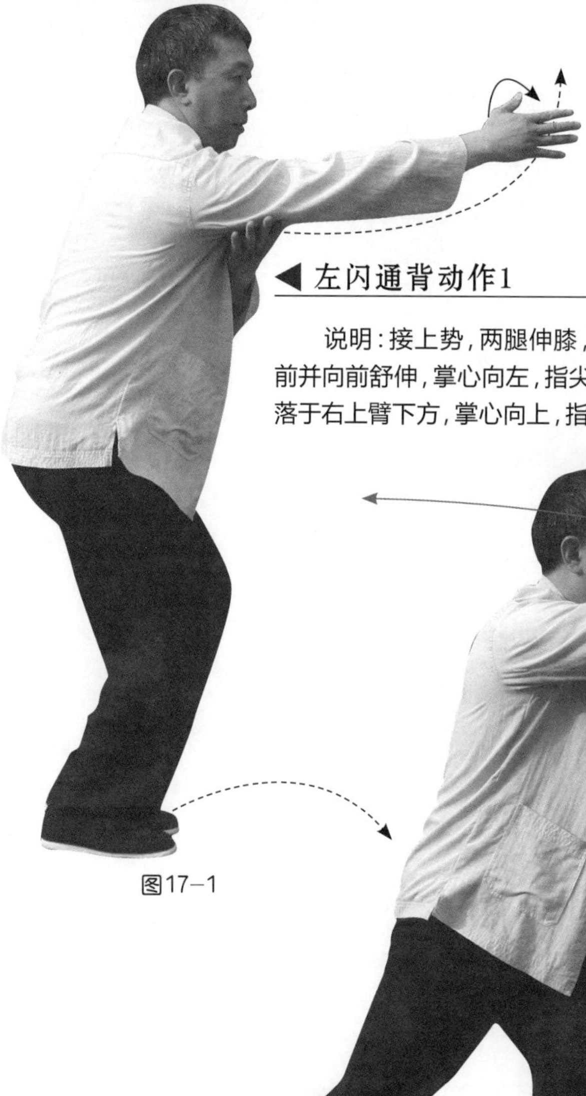

◀ 左闪通背动作1

说明：接上势，两腿伸膝，立身；同时，右掌向上挑起至胸前并向前舒伸，掌心向左，指尖向前，腕与肩同高；左掌外旋，下落于右上臂下方，掌心向上，指尖斜向右；目视右掌。（图17-1）

图17—1

◀ 左闪通背动作2

说明：重心左移；左脚向左前进步，脚尖落地踏实；同时，左掌向上沿右臂下方向前穿，当穿至右掌下方时，右掌内旋，两掌心相合；目视右掌。（图17-2）

图17—2

▼ 左闪通背动作3

说明：身体右转，重心右移至两腿中间；右脚以脚掌为轴，脚跟内收，两腿屈膝成马步；同时，右臂屈肘，右掌内旋向右上画弧架至右额前上方，掌心斜向上；左掌内旋，立掌向左前推出，腕与肩同高，掌心向右前方；目视左掌。（图17-3）

图17－3

★本式提示★

定势时要通背、松肩、舒指。右掌弧形上托要沉肩垂肘，不能扬肘；左掌前推要屈肘坐腕，以符合劲以曲蓄而有余的要求，两掌虎口要撑圆。

第十八式 撇身捶

▼ 撇身捶动作1

说明：接上势，身体右转，重心移至左腿；左脚尖内扣，右脚跟内收微提起，脚尖着地成右虚步；两臂屈肘，两掌外旋变拳，由上向下、向内画弧收至腹前，两臂成半圆形，拳心斜向下，拳眼向里；目视前方。（图18-1）

▼ 撇身捶动作2

说明：身体右转；右脚提起稍向右移步，脚跟着地，脚尖翘起；同时，右拳上提；目视前下方。（图18-2）

图18－1

图18－2

▶ **撇身捶动作3**

说明：重心前移，右脚尖落地踏实；同时，右拳外旋，向右前方画弧打出，拳心斜向上，拳眼向右，腕与肩同高；目视右拳。（图18-3）

图18－3

▶ **撇身捶动作4**

说明：上身右转，重心继续前移，左脚跟外展成右弓步；同时，左拳变掌经右臂上方向前推出，掌心斜向右，指尖向上，腕与肩同高；右臂屈肘，右拳收至右腰侧；目视左掌。（图18-4）

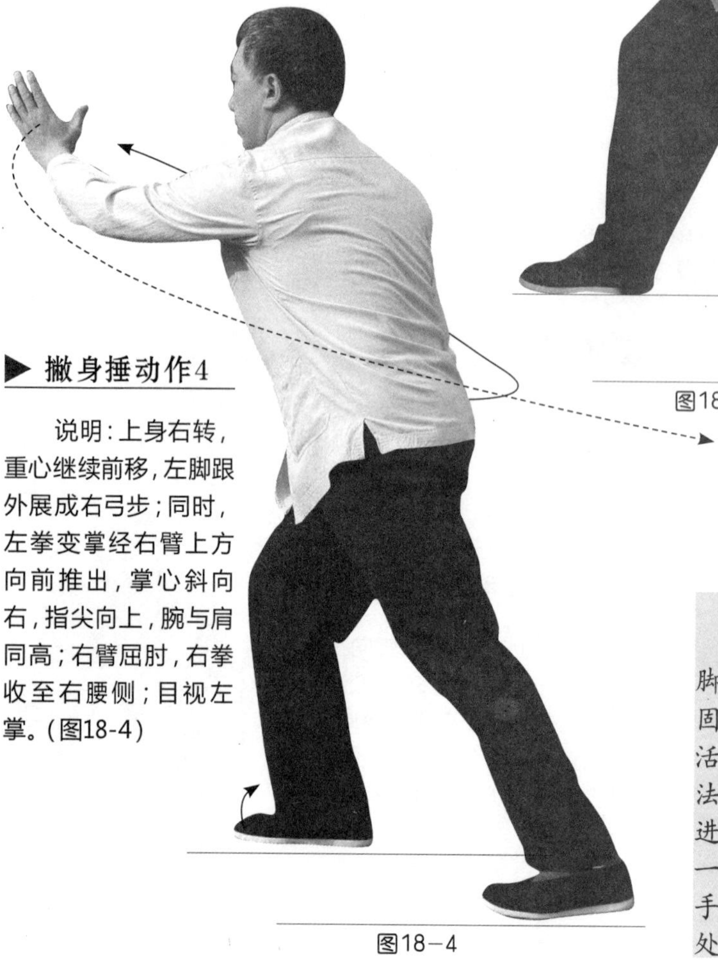

图18－4

★本式提示★

回身右转，左脚内扣，下盘要稳固，足膝轻捷灵活。右抡臂撇捶招法清晰，左掌推扑进击由脊发，专注一方。体势工整，手、眼、身法、步处处圆满。

第十九式 肘底看捶

图19—1

◀ 肘底看捶动作1

说明：接上势，上身微左转，身体后坐，重心后移；左腿屈膝，右脚尖翘起；同时，右拳变掌经下向右、向上、向左画弧至体前，掌心斜向上，手指向前，腕与肩同高；左掌向左后方搂砍变正勾；目视右掌。（图19-1）

▶ 肘底看捶动作2

说明：重心不变；右脚向后撤步成左弓步；右臂屈肘，右掌外旋横于胸前，掌心斜向下；左勾手变掌向右、向下画弧置于左胯外侧，掌心向上，指尖向前；目视前方。（图19-2）

图19—2

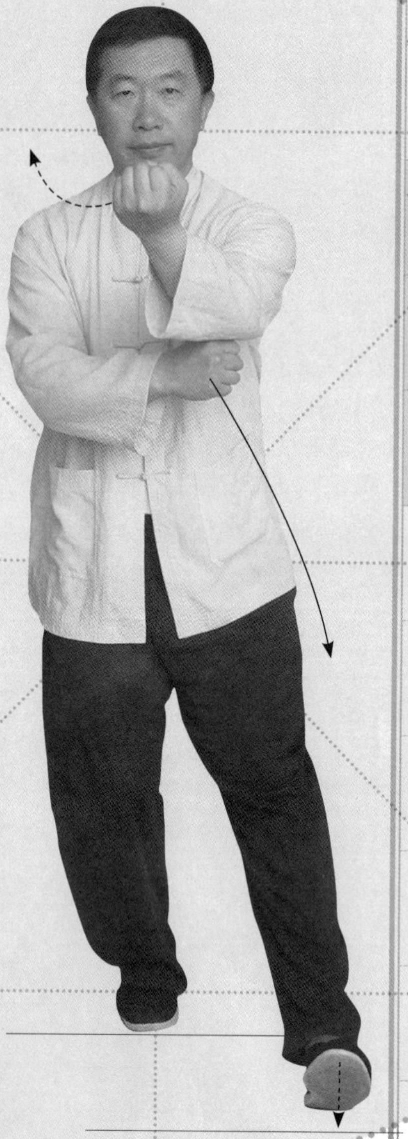

图19—3附图

▼ 肘底看捶动作3

说明：上身微右转，身体后坐，重心后移；左脚尖翘起；同时，左掌变拳经右腕上方向前上方打出，拳心斜向上，拳与肩同高；右掌变拳收至左肘下方，拳眼向上；目视左拳。（图19-3、图19-3附图）

图19—3

★本式提示★

步随身换，退步得宜，虚实分明。上下肢动作配合协调，两掌画弧不宜过大，两臂弯曲适度，臂随腰转，上下相随，完整一气。

第二十式 左右野马分鬃

▼ 左右野马分鬃动作1

说明：接上势，上身左转，重心前移；左脚尖落地踏实，左腿屈膝成弓步；同时，右拳变掌下插落至左膝外侧上方，掌心向外，指尖向下；左臂屈肘，左拳变掌上穿至右肩前方，掌心向外，指尖向上；目视右前方。（图20-1）

▼ 左右野马分鬃动作2

说明：上身不变，重心左移；右脚提起向右前方上步，脚跟着地，脚尖翘起。（图20-2）

图20-1

图20-2

图20－3

◀ 左右野马分鬃动作3

说明：上身左转，重心右移；右脚尖落地踏实，两腿屈膝成半马步；同时，左掌向前舒伸画弧下落，右掌向右前上挑，两掌至胸前时相合，掌心相对，指尖向前；目随左掌。（图20-3）

图20－4

▶ 左右野马分鬃动作4

说明：上身左转，重心右移，右腿屈膝成右弓步；同时，两掌上下分开，左掌画弧下落采按于左胯外侧上方，掌心向下，指尖向左前方；右掌画弧向右前上舒伸至右前上方，掌与头同高，掌心斜向上；目视左掌。（图20-4）

要点：右弓步时，左胯微合；结合目视左掌，使上身形成对拧之劲。

▼ 左右野马分鬃动作5 ~ 动作8

说明：同动作1至动作4，唯方向相反。（图20-5~图20-8）

图20－5

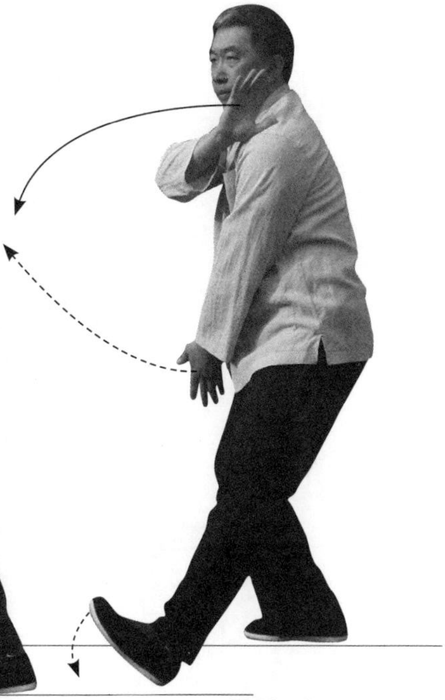
图20－6

图20－7

图20－8

★本式提示★

进身套步时横距大小要适宜，利于下盘稳固。上手前挒要随步穿靠，两手的上下分挒发力在腰。左右两势要招招贯穿，连贯圆活，上下相随，开合有序。

第二十一式 玉女穿梭

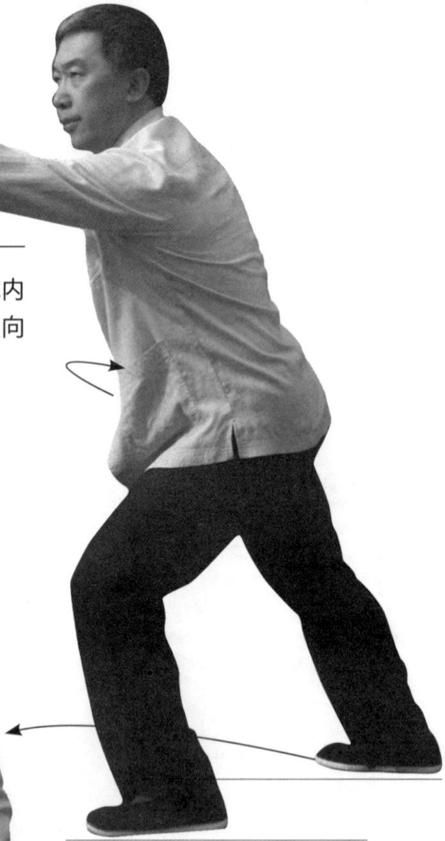

图21－1

▶ 玉女穿梭动作1

说明：接上势，上身左转；同时，左掌内旋，掌心向下；右掌外旋，掌心向左，指尖向下；目视左掌。（图21-1）

图21－2

◀ 玉女穿梭动作2

说明：上身左转，重心前移；右脚向右前方上步，脚跟着地，脚尖翘起成右虚步；同时，右掌收至左腹前，掌心向上，指尖向左；目视左掌。（图21-2）

▼ 玉女穿梭动作3

说明：上身右转，重心前移；右脚尖落地踏实，右腿屈膝成右弓步；同时，右掌向右、向上画弧举至体前，腕与肩同高，掌心斜向上；左掌内旋，附于右前臂内侧；目视右掌。（图21-3）

▼ 玉女穿梭动作4

说明：上身右转，身体后坐，重心后移；左腿屈膝，右脚尖翘起成右虚步；同时，右臂屈肘，右掌向右旋腕后掤上托至右肩前上方，腕与眼同高，掌心斜向上；左掌附于右上臂内侧；目视右掌。（图21-4）

图21－3

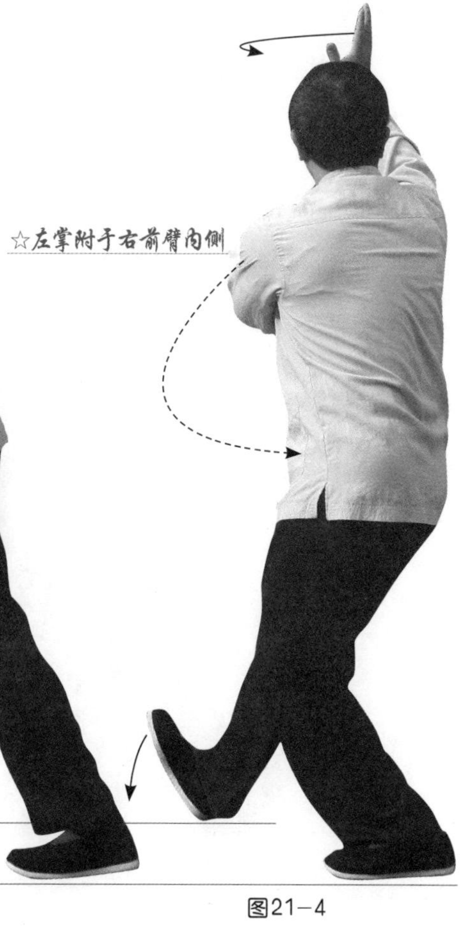

图21－4

▼ 玉女穿梭动作5

说明：上身左转，重心不变；右脚尖落地踏实；同时，右臂屈肘，右掌内旋上举至右额前上方，掌心向上；左掌外旋，收附于左腹前，掌心向上，指尖向右前；目视左掌。（图21-5）

▼ 玉女穿梭动作6

说明：上身右转，重心前移；右腿屈膝成右弓步；同时，左掌内旋，向胸前推按，腕与肩同高，掌心向前，肘微屈；右掌架于右额前上方，掌心斜向上；目视左掌。（图21-6）

要点：转身时要立身中正，不要凸胯、翻臀、俯身；要注意坐胯、转身、旋腕等环节的协同一致，手臂屈伸和两腿虚实转换要配合协调。

图21－5

图21－6

▼ 玉女穿梭动作7

说明：上身左转；同时，两臂屈肘，右掌外旋下落，穿向左肩，左掌外旋，掌心向上，托于右肘下方，右臂在上，左臂在下，合抱于胸前；目视左前方。（图21-7）

▼ 玉女穿梭动作8

说明：上身左转，右脚尖内扣，两臂不变；目视左前方。（图21-8）

要点：左转身时，保持立身中正之势，不要凸右胯、翻臀、俯身。

图21－7

图21－8

▼ 玉女穿梭动作9

说明：上身、上肢不变，重心移至右腿；左脚掌向左蹍转，脚跟提起成左虚步；目视左前方。（图21-9）

▼ 玉女穿梭动作10

说明：左脚向左前方上步，脚跟着地，脚尖翘起；目视左掌。（图21-10）

要点：两脚宽度为“曰”形步。

图21—9

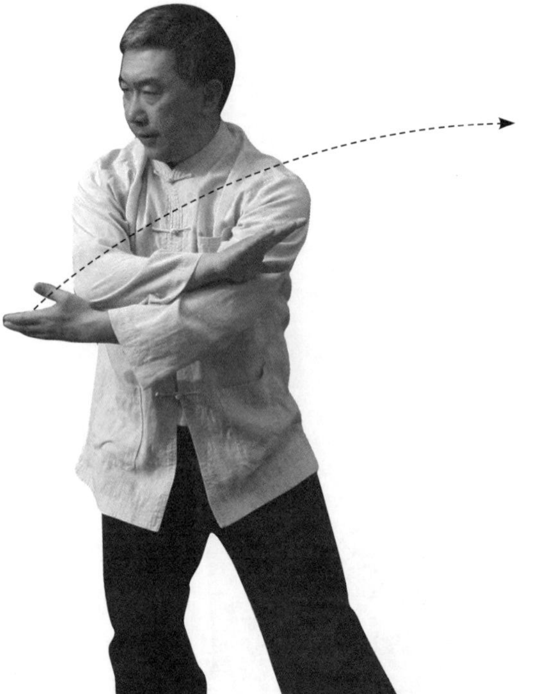

图21—10

▼ 玉女穿梭动作11 ~ 动作14

说明：与动作3至动作6相同，唯方向相反。（图21-11~图21-14）

图21—11

图21—12

图21–13

图21–14

★本式提示★

穿梭时需靠腰转带动手脚运转，留意步法的虚实转换，做到身到、手到、步到，一动俱动，一到俱到。一手掤劲上翻、一手向前推按要相吸相系，刚柔互运，心意专致。

第二十二式 左云手

▶ 左云手动作1

说明：接上势，身体后坐，重心后移；右脚跟内收，左脚尖内扣成右横弓步；同时，右掌微外旋，随重心后移向右上方画弧举于右肩前上方，腕与眼同高；左掌向下画弧至左胸外侧，掌心斜向下；目视左前方。（图22-1）

图22—1

▶ 左云手动作2

说明：上身右转；左脚尖内扣；同时，右掌内旋下按，掌心向下，向右前方伸出；左掌外旋，掌心向右、向下经腹前画弧至右腹前，掌心斜向上；目视右掌。（图22-2）

图22—2

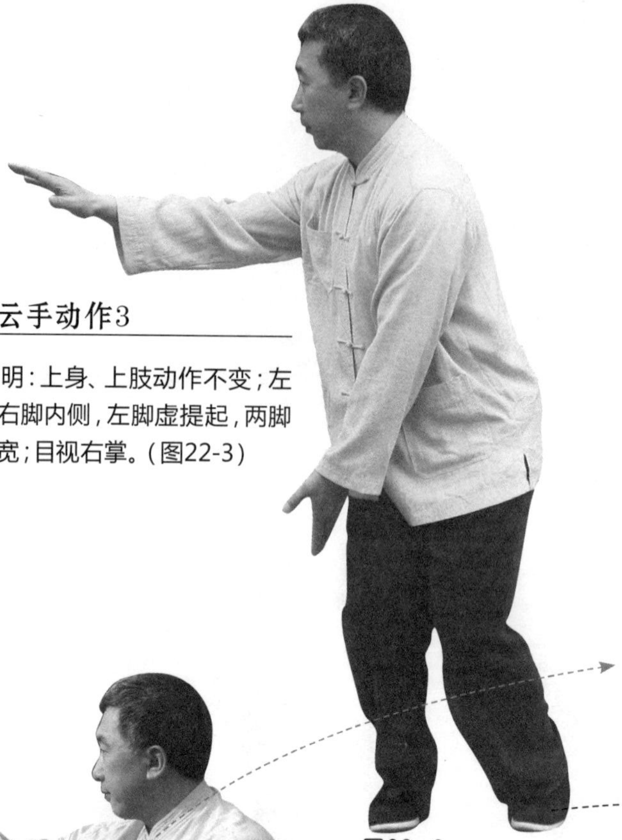

▶ 左云手动作3

说明：上身、上肢动作不变；左脚收于右脚内侧，左脚虚提起，两脚与肩同宽；目视右掌。（图22-3）

图22-3

◀ 左云手动作4

说明：上身、上肢动作不变；左脚向左开步落地。（图22-4）

图22-4

图22－5

◀ 左云手动作5

说明：上身左转，重心左移；左腿屈膝，左脚尖外摆，成左横弓步；右脚尖内扣；同时，左掌经体前向右、向上、向左画弧举至左肩前上方，腕略高于眼；右掌下按，掌心斜向下；目视右前方。（图22-5）

▶ 左云手动作6

说明：上身左转；右脚尖微内扣；同时，左掌内旋，向左前方下按，掌心斜向下；右掌外旋，经腹前向左上方画弧至左腹前方，掌心斜向上；目视左掌。（图22-6）

图22－6

图22-7

◀ 左云手动作7

说明：上身左转，重心左移；右脚收至左脚内侧，两脚相距一拳宽；两臂动作不变；目视左掌。（图22-7）

▶ 左云手动作8

说明：身体右转，重心右移；右脚脚尖外摆，左脚脚尖略内扣；同时，右掌微外旋，向右上方画弧举于右肩前上方，腕高于眼，掌心向里；左掌下按，掌心斜向下；目视左前方。（图22-8）

图22-8

▼ 左云手动作9 ~ 动作13

说明：重复动作4至动作8。（图22-9~图22-13）

图22—9

图22—10

图22—11

图22—12

▼ 左云手动作14 ~ 动作16

说明：重复动作3至动作6。（图22-14~图22-16）

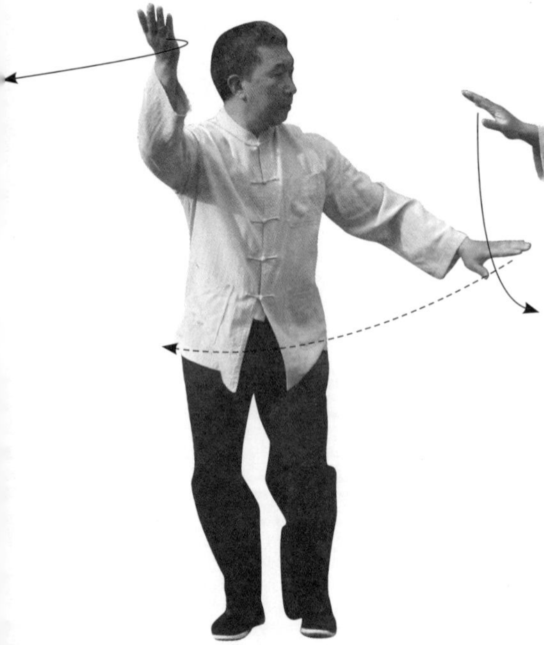

图22-13

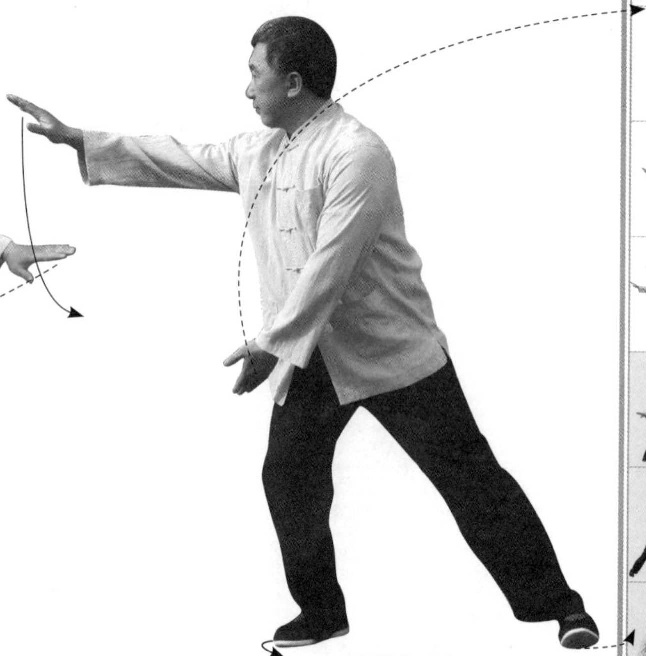

图22-14

图22-15

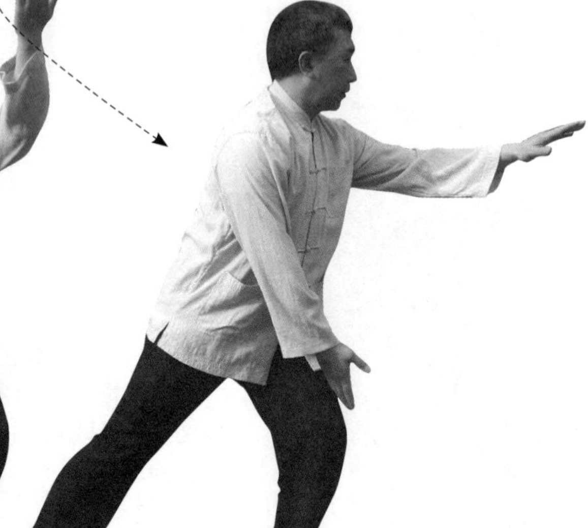

图22-16

▼ 左云手动作17

动作说明：上肢、重心不变；右脚收至左脚内侧，两脚与肩同宽；目视左掌。（图22-17）

图22—17

★本式提示★

云手是典型的以腰带动四肢运作的拳式。两臂随腰圆转要连绵不断，两脚尖摆扣方向要一致，出步落脚均为脚跟着地；横弓步时，肩、臂要有靠劲，同时目视反侧方向；上下肢动作要连贯，协调一致；重心移动平稳，不要起伏；速度均匀，不要忽快忽慢。

第二十三式 右高探马

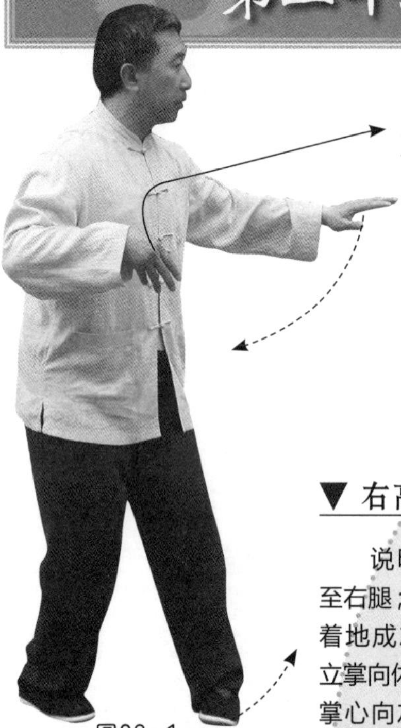
图23—1

◀ 右高探马动作1

说明：上身微左转，重心右移，右脚尖内扣；右臂屈肘，右掌屈腕上提至右胸前上方；目视前方。（图23-1）

▼ 右高探马动作2

说明：身体左转，重心移至右腿；左脚向左前上步，脚尖着地成左虚步；同时，右掌变立掌向体前推出，腕与肩同高，掌心向左前方，指尖斜向上；左掌下按外旋，收至腹前，掌心向上，指尖向右；目视右掌。（图23-2、图23-2附图）

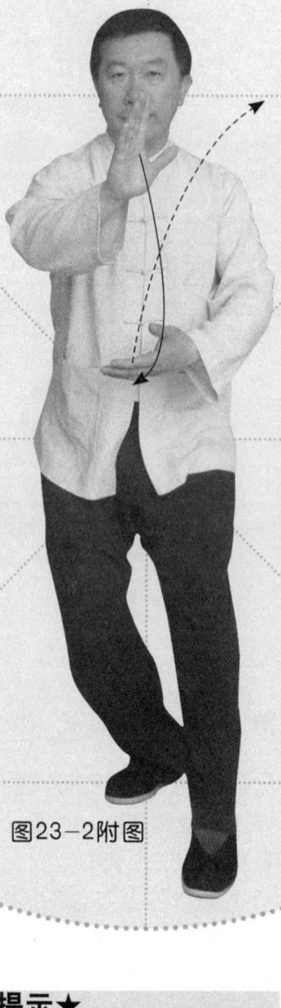
图23—2附图

图23—2

★本式提示★

左脚前迈成虚步时不可凸臀前俯，要顶头悬。右掌前推两臂平整，右臂微屈，要沉肩垂肘。动作要上下相随，眼到手到脚到，虚实分明。

第二十四式 右分脚

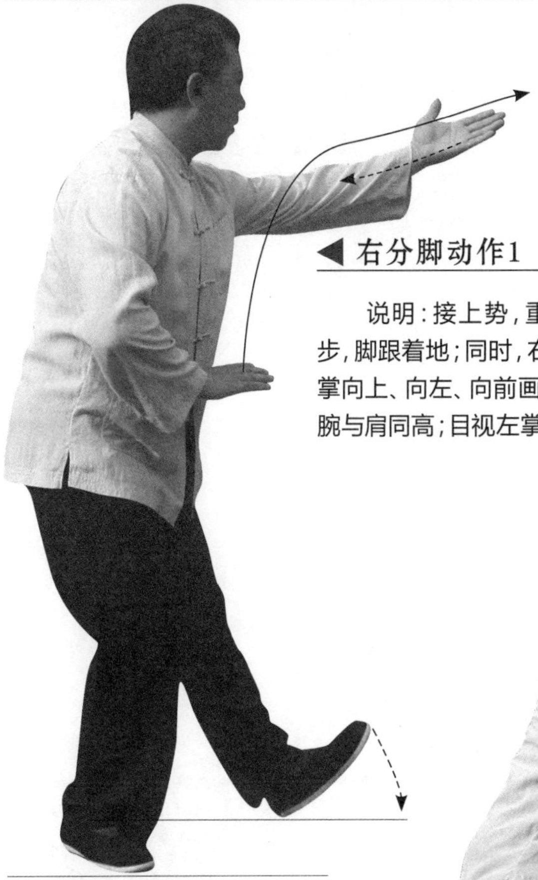

◀ 右分脚动作1

说明：接上势，重心稍后移；左脚向左前方上一步，脚跟着地；同时，右掌向下、向右画弧落至腹前；左掌向上、向左、向前画弧伸至身体左前方，掌心向上，腕与肩同高；目视左掌。（图24-1）

图24—1

▶ 右分脚动作2

说明：上身右转，重心前移，左脚尖落地踏实成左弓步；同时，右掌在体前向左、向前、向上画一斜圆弧举至右前上方，掌心斜向下，指尖向右前方，腕与肩同高；左臂屈肘，左掌在体前经右臂下方画一小斜圆弧附于右前臂下方；目视右掌。（图24-2）

图24—2

▼ 右分脚动作3

说明：上身微左转，右脚跟外展；同时，右掌外旋，向下、向左画弧落于左膝外侧，掌心向外，指尖斜向下；左掌收至右肩上方，掌心向外，指尖向上；目视右掌。（图24-3）

▼ 右分脚动作4

说明：上身继续左转；右掌内旋，向后舒伸，掌心向下，指尖向左；回头目视右掌。（图24-4）

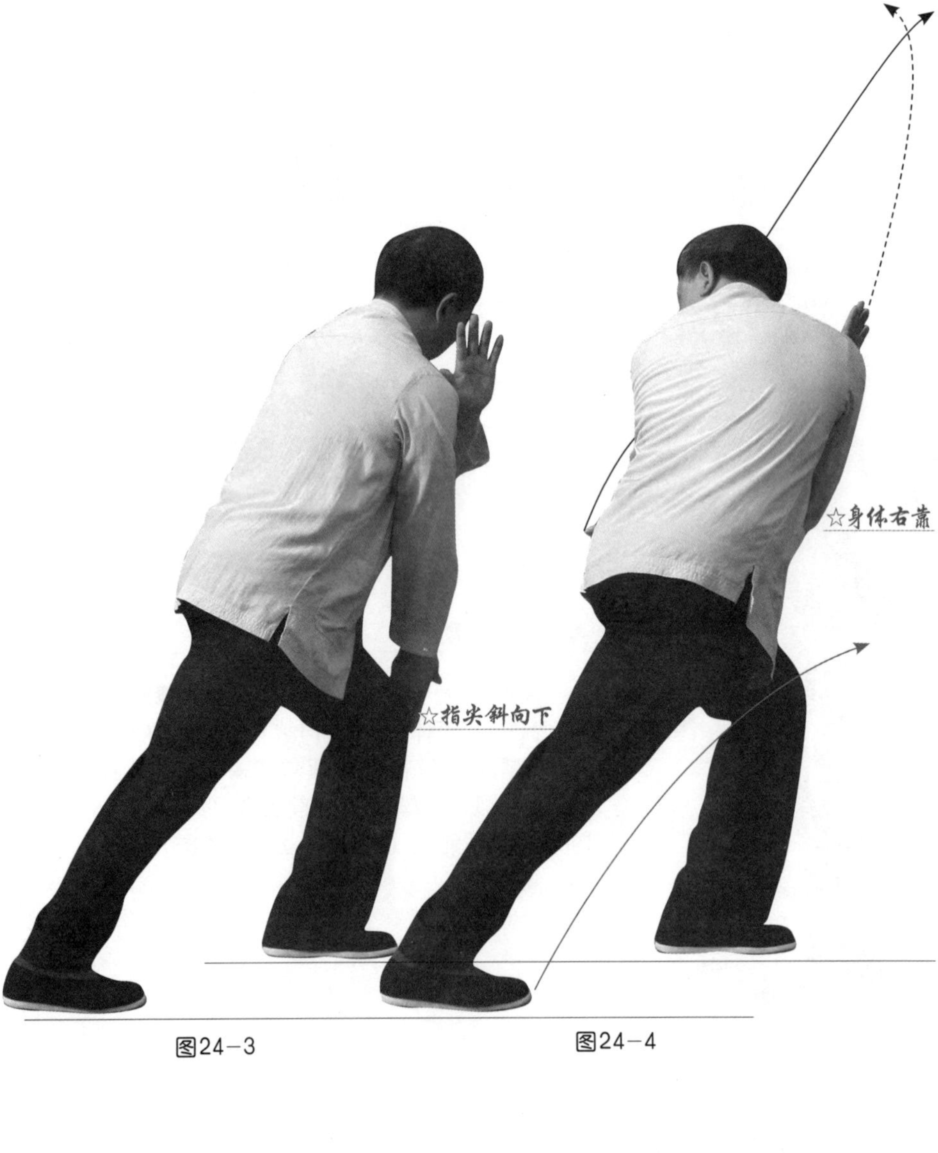

图24－3　图24－4

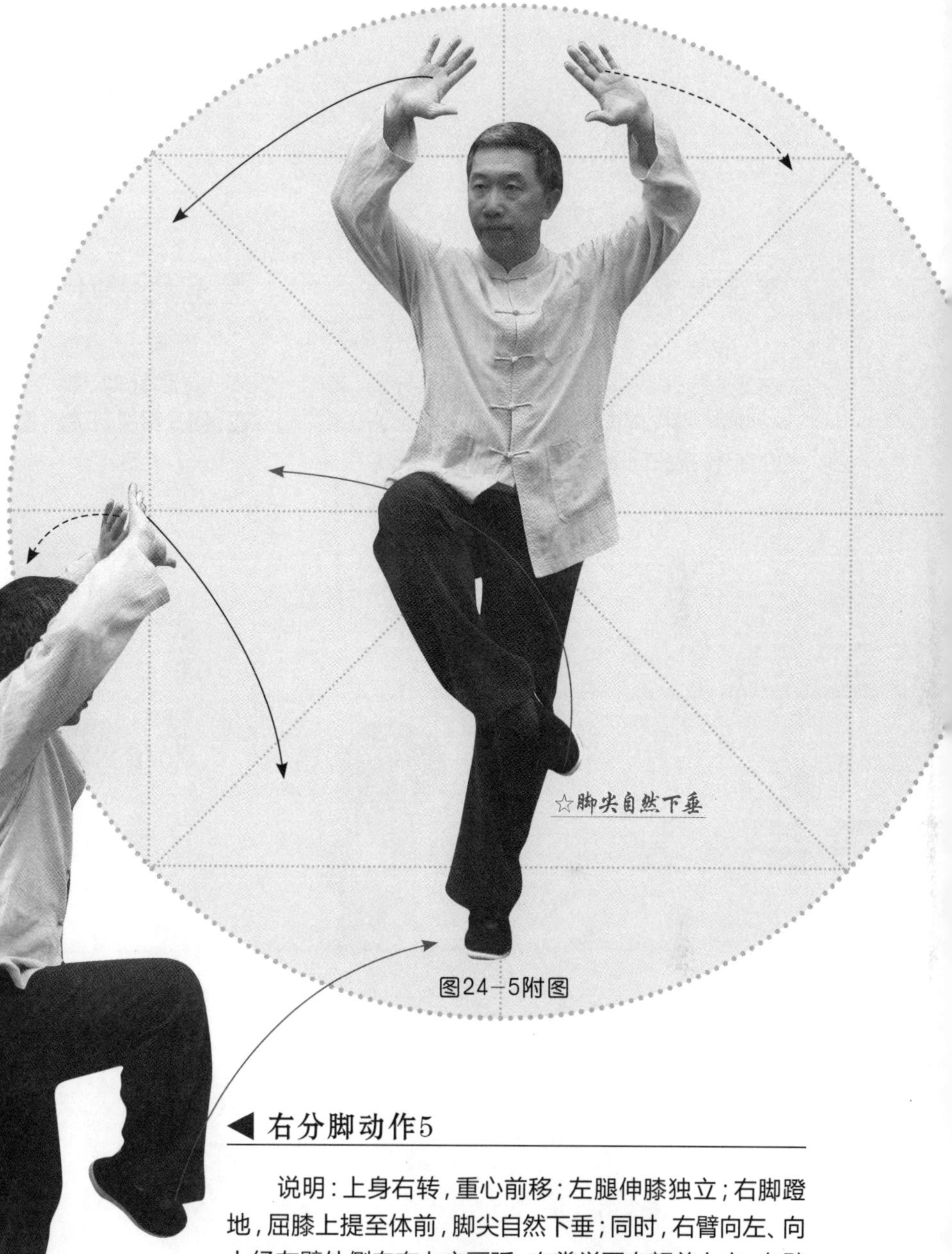

图24－5附图

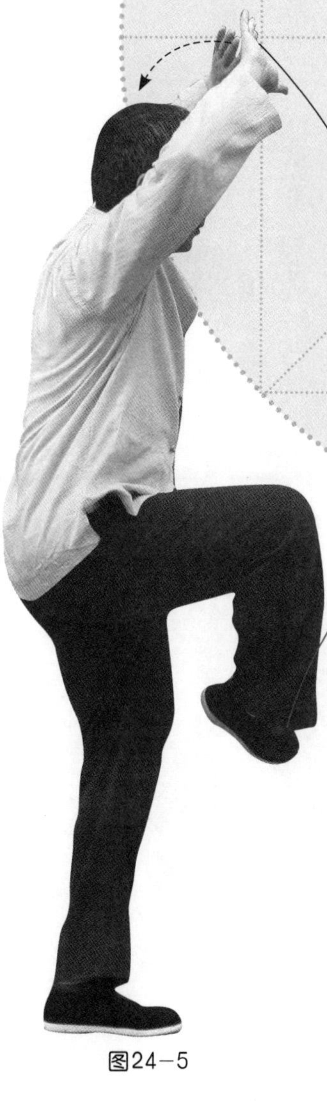
图24－5

◀ 右分脚动作5

说明：上身右转，重心前移；左腿伸膝独立；右脚蹬地，屈膝上提至体前，脚尖自然下垂；同时，右臂向左、向上经左臂外侧向右上方画弧，右掌举至右额前上方；左臂向左上画弧，左掌举至左额前上方，两掌心均向前，指尖均向上；目视前方。（图24-5、图24-5附图）

图24-6附图

◀ 右分脚动作6

说明：上身右转；右腿向右前方伸膝分脚，腿伸直，脚面展平；同时，两掌向左右分开下劈，右臂与右腿方向一致；左掌落于身体左侧，两腕与肩同高，两臂之间约135°；目视右掌。（图24-6、图24-6附图）

★本式提示★

注意右分脚方位准确，应为东南方向，支撑腿收胯屈膝，稳健生根。

图24-6

第二十五式 左分脚

▼ 左分脚动作1

说明：接上势，右腿屈膝，右脚下落，脚尖自然下垂；左臂屈肘，左掌收至耳侧，掌心向下；右掌外旋变托掌，掌心向上；目视右掌。（图25-1）

▼ 左分脚动作2

说明：左腿屈膝下蹲；右脚向右前方出步，脚跟着地；同时，左掌下按至胸前，右掌不变；目视右掌。（图25-2）

图25—1

图25—2

▼ 左分脚动作3

说明：上身左转，重心前移；右脚尖落地踏实，右腿屈膝成右弓步；同时，左掌在体前经右向前，向左上方画弧伸至左前方，腕略高于肩，掌心斜向前；右掌在体前经右臂下方画一小斜圆附于左前臂下方，掌心向上；目视左掌。（图25-3）

▼ 左分脚动作4

说明：上身微右转；同时，左掌外旋，向左、向下画弧至右膝外侧，掌心向外，指尖斜向下；右掌内旋收至左肩外侧，掌心向外，指尖向上；目视左掌。（图25-4）

图25-3

图25-4

图25－5

◀ 左分脚动作5

说明：上身继续右转，左掌内旋，向上、向右舒伸，掌心向下，指尖向右；回头目视左掌。（图25-5）

要点：身体形成右靠。

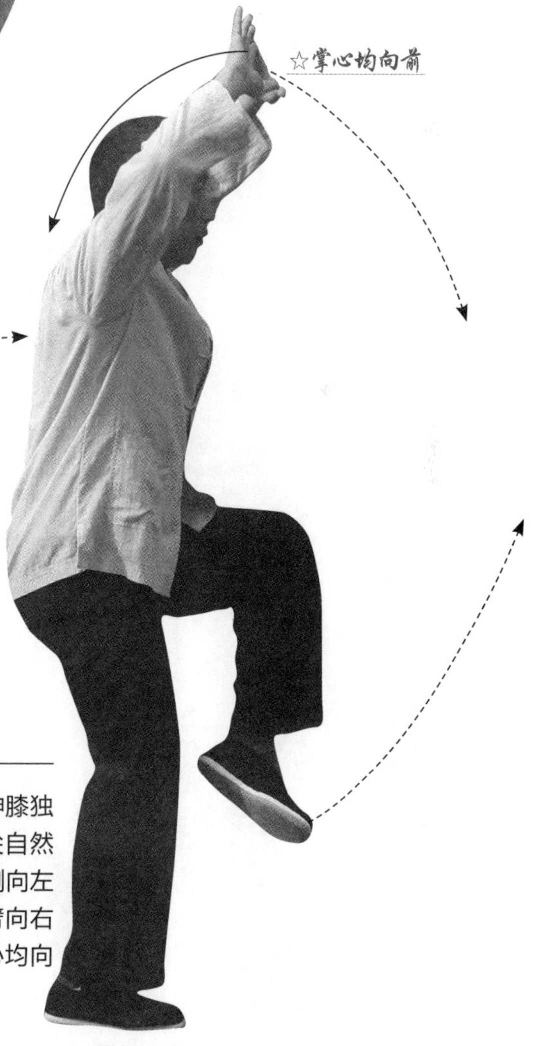

图25－6

▶ 左分脚动作6

说明：上身左转，重心前移；右腿伸膝独立；左脚蹬地，屈膝上提至体前，脚尖自然下垂；同时，左臂向右、向上经右臂外侧向左上方画弧，左掌举至左额前上方；右臂向右上画弧，右掌举至右额前上方，两掌心均向前，指尖均向上；目视前方。（图25-6）

图25-7附图

图25-7

◀ 左分脚动作7

说明：上身左转；左腿向左前方伸膝分脚，腿伸直，脚面展平；同时，两掌向左右分开下劈，左臂与左腿方向一致；右掌落于身体右侧，两腕与肩同高，两臂之间约135°；目视左掌。（图25-7、图25-7附图）

★本式提示★

注意左分脚方位准确，应为东北方向。出腿、分掌相一致，手到脚到眼到，四肢协调运动，内外相合。

第二十六式 左右打虎

▼ 左右打虎动作1

说明：接上势，左腿屈膝松胯，左脚松落，脚尖内扣向下；同时，右臂屈肘，右掌向前内合至左肘内侧，掌心向左，指尖向前；目视左掌。（图26-1）

▼ 左右打虎动作2

说明：左脚向右后方撤步，重心移至左腿，两腿屈膝交叉下蹲，右腿在上；同时，两掌内旋下捋至腹前，掌心向下，指尖向前；目视左掌。（图26-2）

要点：退步降重心下蹲平稳。

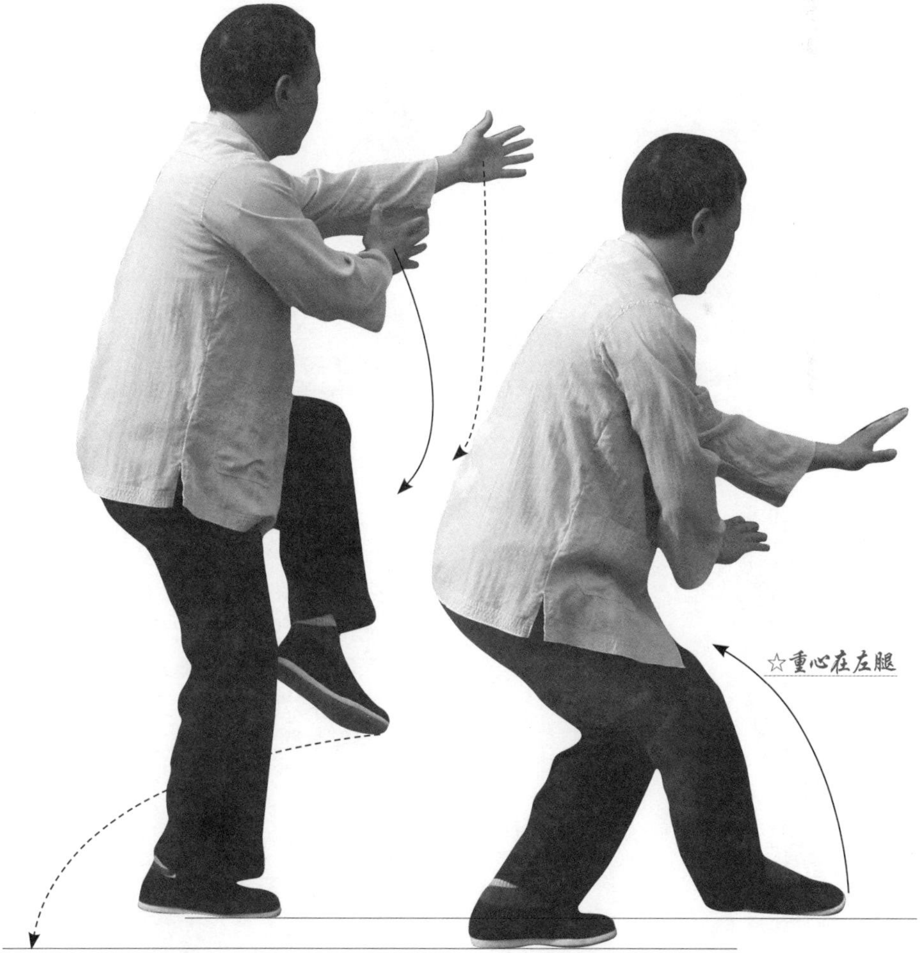

图26-1　　图26-2

◀ 左右打虎动作3

说明：上肢不变，左腿伸膝；右腿屈膝提起，右脚与左膝同高；目视左掌。（图26-3）

图26-3

▼ 左右打虎动作4

说明：上肢不变，重心稍后移；右脚向右后方撤步，脚跟着地，脚尖微内扣；目视左掌。（图26-4）

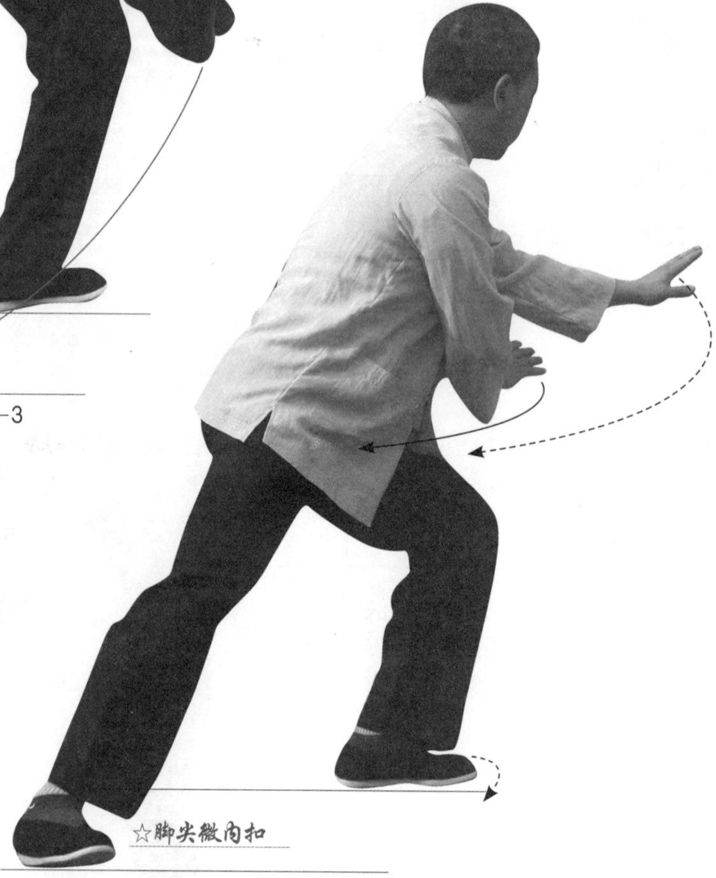

图26-4

◀ 左右打虎动作5

说明：身体右转，重心右移；左脚尖微内扣，右腿屈膝成马步；同时，两掌随转体按至腹前；目视前方。（图26-5）

图26－5

▶ 左右打虎动作6

说明：身体右转，重心前移；右脚跟内踩，左脚跟外展，右腿屈膝成右弓步；同时，两掌向右平捋至右膝两侧的前上方，掌心向下，虎口相对；目视前方。（图26-6）

图26－6

▼ 左右打虎动作7

说明：身体左转，重心移至右腿；左脚向左前方上步提起；同时，两臂向身体左右两侧画弧展开；目视前方。（图26-7）

图26－7

▼ 左右打虎动作8

说明：右腿伸膝；左腿屈膝，提膝至体前，膝外展，脚尖上翘；同时，右掌变拳，右臂屈肘向上、向左画弧架于右额前上方，拳心向外，拳眼斜向下；左掌变拳，左臂屈肘横于右胸前，拳心向里，拳眼向上；目视前方。（图26-8）

要点：上下拳眼相对，左肘尖靠近左膝尖。

▼ 左右打虎动作9

说明：重心后移；右腿屈膝下蹲；左脚向右后方撤步，脚尖着地，脚跟提起；同时，两拳放松变掌，外旋下按至胸前，右掌在上，左掌在下，掌心均向下；目视右掌。（图26-9）

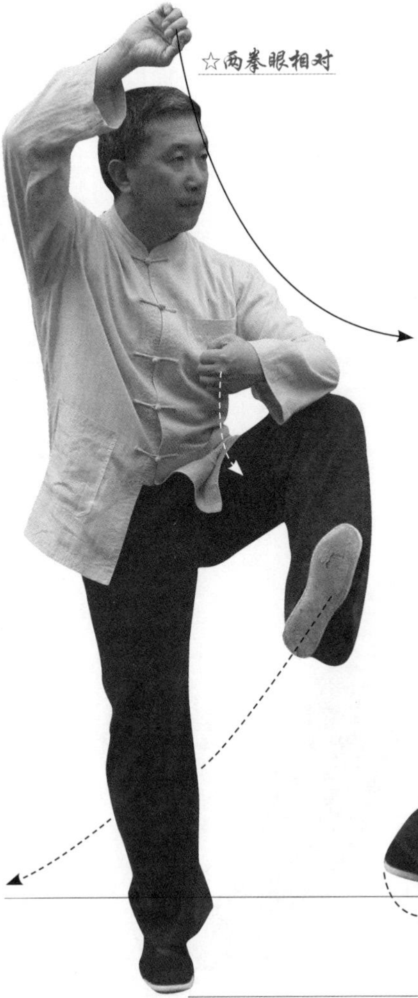

图26－8

图26－9

▼ 左右打虎动作10 ~ 动作13

说明：同动作5至动作8，唯方向相反。（图26-10~图26-13）

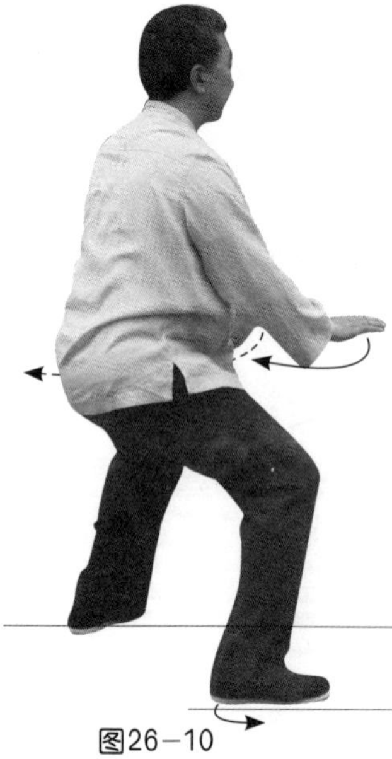

图26—10

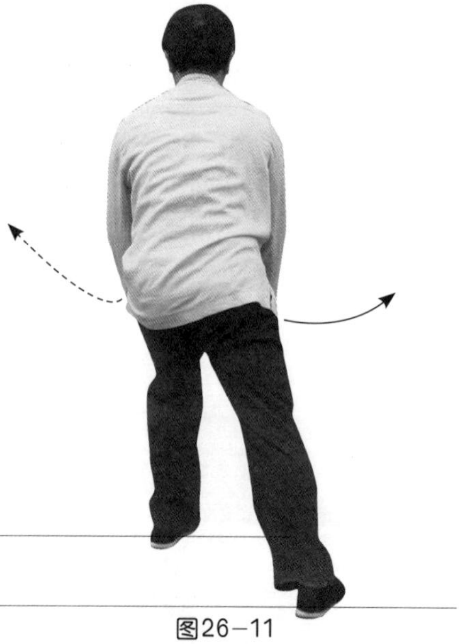

图26—11

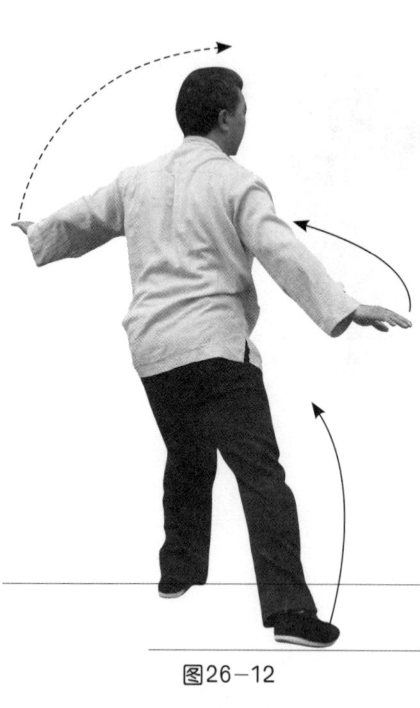

图26—12

图26—13

★本式提示★

左右脚退步成独立打虎为两个斜面，左式为东南方，右式为东北方。两手要弧形运行，不能有凹凸、断续，两臂要圆环饱满。支撑腿微屈，脚掌踏实，独立稳固。

第二十七式 右蹬脚

▼ 右蹬脚动作1

说明：接上势，重心不变，右脚尖松垂下落；同时，两拳变掌，右掌从左肘下方沿左前臂外侧，向上画弧至额前上方，与左掌交叉相搭，右掌在前，两掌心均向前，指尖斜向上；目视前方。（图27-1）

图27—1

▼ 右蹬脚动作2

说明：上身右转；右腿微向右展开，脚尖勾起，右腿由屈到伸，以脚跟为力点，向右前方蹬出伸直，脚尖内勾，高过膝盖；同时，两掌随蹬腿向身体左右两侧分开下劈，两腕与肩同高，虎口均向上；目视右掌。（图27-2）

图27—2

★本式提示★

站立腿膝关节曲而不直，脚平实踏地，身不摇晃；蹬出腿右脚脚尖内勾，劲达脚跟。手脚上下相随，脚到手到。

第二十八式　双峰贯耳

▼ 双峰贯耳动作1

说明：接上势，上身微右转；右腿屈膝，右脚松落，脚尖向下微内收；同时，两臂外旋，左掌向右平摆，与右掌合于胸前，两掌相距约10厘米，掌心向上，指尖向前，腕与肩同高；目视两掌。（图28-1）

▼ 双峰贯耳动作2

说明：重心下落；左腿屈膝下蹲；右脚舒伸，向右前方落步，脚跟着地；同时，两臂屈肘，两掌向下分别落于两胯外侧，掌心向上；目视前方。（图28-2）

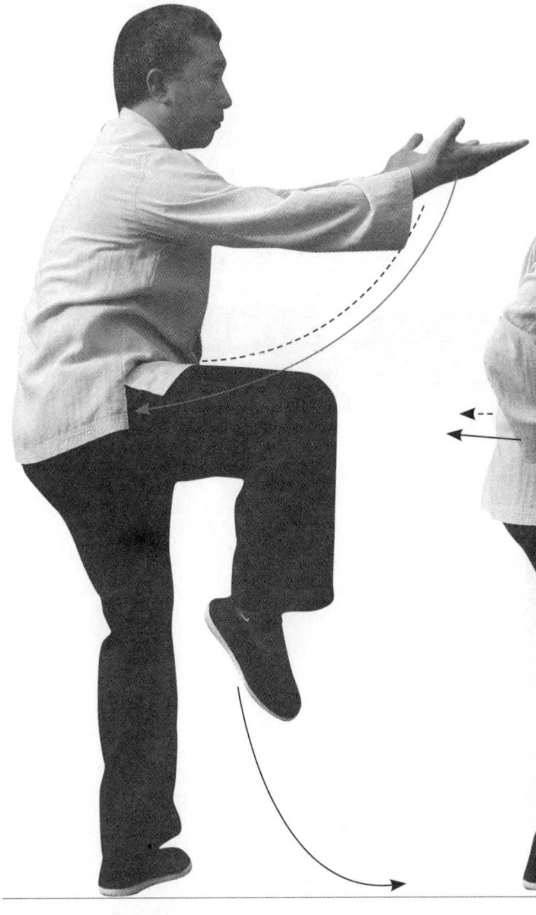

图28—1

图28—2

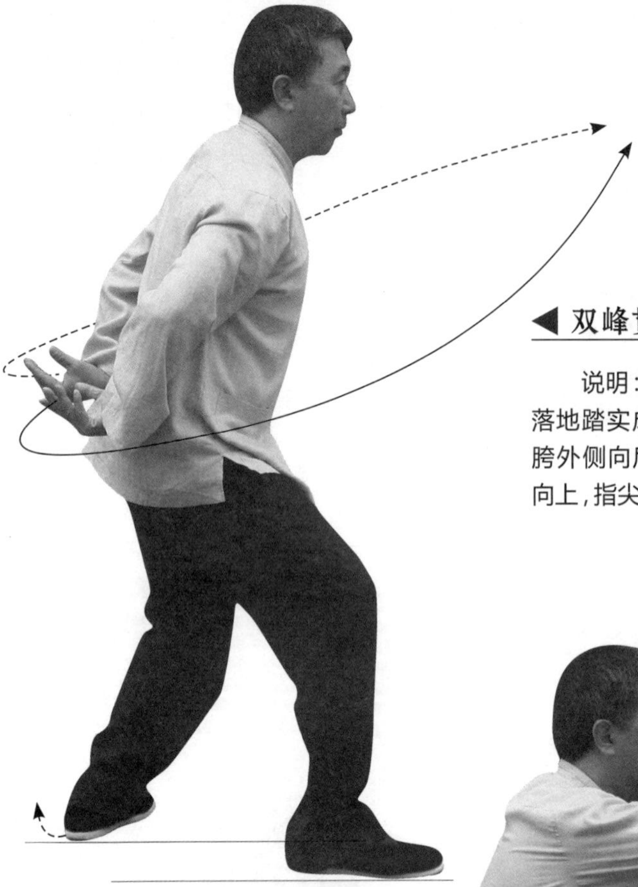

图28—3

◀ 双峰贯耳动作3

说明：重心前移；右腿屈膝，右脚尖落地踏实成半马步；同时，两掌内旋从胯外侧向后聚拢，伸至臀部后侧，掌心向上，指尖向后；目视前方。（图28-3）

▶ 双峰贯耳动作4

说明：重心前移成右弓步，左脚跟外展；同时，两掌变拳，分别由体侧向前上方画弧，合贯于体前，两拳相距约10厘米，两臂微屈，拳与耳同高，拳眼斜相对向下，拳面斜向上；目视两拳。（图28-4）

图28—4

★本式提示★

右腿屈膝与两掌合于胸前、右脚落地与两掌收落至胯旁、右腿弓步与两拳前贯均要上下相随，同时到位。

第二十九式 斜飞势

图29−1

◀ 斜飞势动作1

说明：接上势，身体右转，重心下降；两腿屈膝，两脚脚跟同时向左蹍转；同时，两臂屈肘，两拳变掌，左掌外旋，掌心斜向上；右掌内旋下捋至左肘内侧，掌心向下；目视左前方。（图29-1）

▶ 斜飞势动作2

说明：重心左移；左脚向左侧前方上步成马步；同时，左掌向右下沉插至左腿内侧，掌心向右，指尖向下；右掌向左上方画弧至胸前，掌心向左，指尖向上，两臂在胸前合抱；目视左前方。（图29-2）

图29−2

图29-3

◀ 斜飞势动作3

说明：重心左移；左掌向上穿挑至左肩前方，掌心斜向上；右掌下按至左前臂内侧，掌心斜向下；目视左掌。（图29-3）

▼ 斜飞势动作4

说明：上身右转，重心左移；左腿屈膝下蹲成左横弓步；同时，两臂分别向左上、右下分展，左掌心向上，指尖向左，右掌心向下；目视右掌。（图29-4）

图29-4

★本式提示★

定势时要松腰、沉胯、头顶悬；左肩有靠意，左臂有向左前上方之掤意，右臂有撑按之意，使动作圆满展放；此式不同于野马分鬃的手法，左掌要有自下向上、向左，表现出穿、挑、靠之法。

第三十式 右迎面掌

图30-1

◀ 右迎面掌动作1

说明：接上势，上身左转，右脚尖内扣；同时，左掌内旋成斜侧立掌，腕与肩同高；右臂屈肘，右掌外旋收于右胯外侧，掌心向上；目视左掌。（图30-1）

▶ 右迎面掌动作2

说明：重心前移；左脚尖摆正向前；同时，左臂内旋屈肘横于胸前，掌心斜向下，指尖向前；目视前方。（图30-2）

图30-2

▼ 右迎面掌动作3

说明：身体左转，重心前移至左腿；左腿屈膝微下蹲；右腿屈膝，右脚提起至左脚内侧，脚跟提起；同时，右掌经左臂上方向前穿出，托掌于胸前，掌心向上，指尖向前；左掌下采，左前臂横收于左腹前侧，掌心向下；目视前方。（图30-3）

▼ 右迎面掌动作4

说明：重心不变；右脚向右前方上步，脚跟着地，脚尖翘起成右虚步；同时，右掌继续向前穿出，腕与肩同高；目视前方。（图30-4）

图30-3

图30-4

▼ 右迎面掌动作5

说明：重心前移；左脚尖落地踏实成右弓步；同时，右掌内旋，向前推按，掌心向前，指尖向上，腕与肩同高；左掌外旋，托于右肘下方，掌心向上，指尖向右；目视右掌。（图30-5）

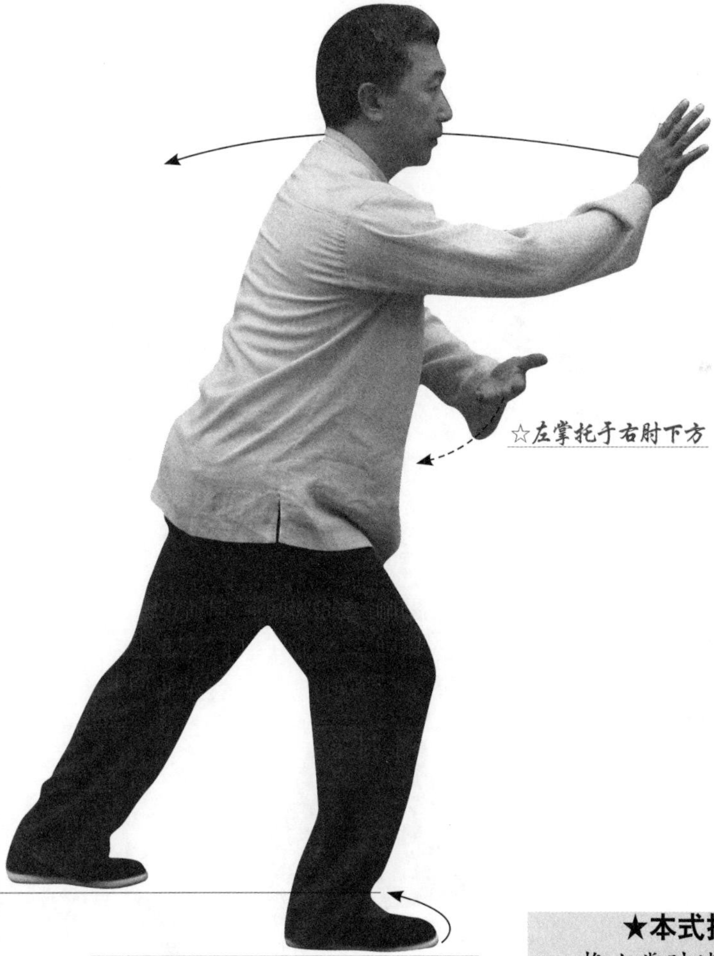

图30－5

★本式提示★

推右掌时速度要均匀，重心平稳不起伏。

第三十一式　十字拍脚

图31—1附图

图31—1

◀ 十字拍脚动作1

说明：接上势，身体向左后转90°；右脚以脚跟为轴，脚尖内扣；同时，右臂屈肘，右掌向内合，平穿至左肩前方；左掌下落附于右腹前，两臂交叉合抱于胸腹前；目视右掌。（图 31-1、图31-1附图）

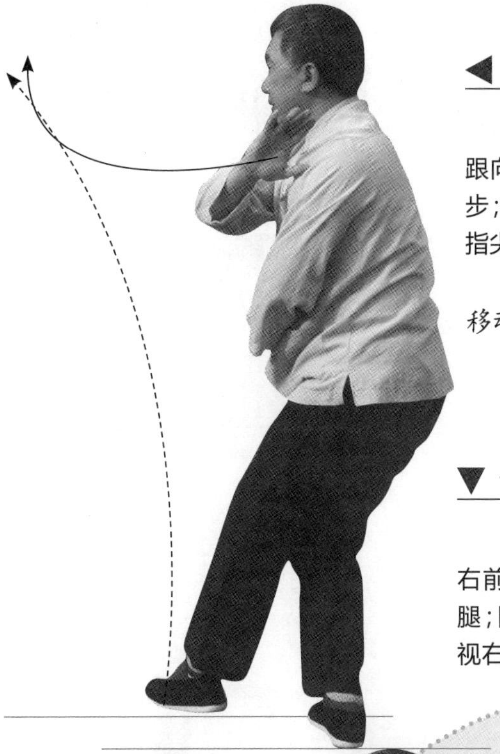

图31—2

◀ 十字拍脚动作2

说明：身体左转90°；左腿微屈膝，左脚跟向内蹍转，脚向左前45°，脚跟微提成左虚步；同时，右掌向左平摆至左肩前，掌心向外，指尖向上；目视前方。（图 31-2）

要点：身体原地立轴旋转，不要前后移动、左右摆晃。

▼ 十字拍脚动作3

说明：左腿屈膝提起，脚面展平，脚尖向右前上方踢出，与肩同高时再继续向左外摆腿；同时，右掌向右上方拍出，拍击左脚面；目视右掌。（图 31-3、图31-3附图）

要点：右掌拍击左脚时在体前交叉。

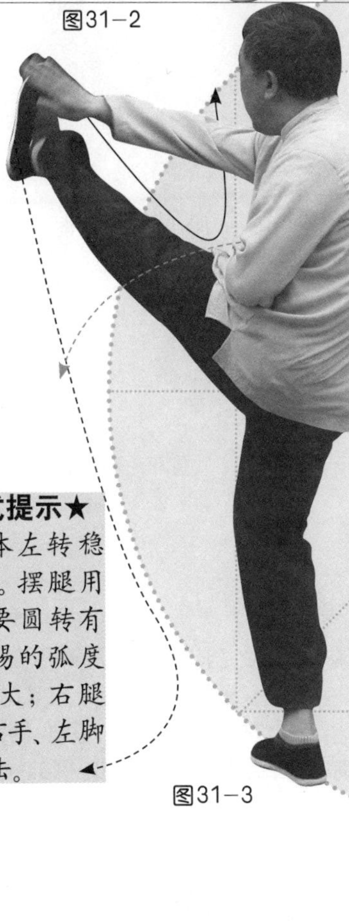

图31—3

图31—3附图

★本式提示★

身体左转稳健下沉。摆腿用横劲，要圆转有劲，摆踢的弧度不宜过大；右腿微屈，右手、左脚相互迎击。

第三十二式　搂膝左栽捶

▶ 搂膝左栽捶动作1

说明：接上势，身体左转；左腿屈膝，渐下落回收后再向左前方落步，脚跟着地，脚尖翘起；右腿屈膝微下蹲；同时，右臂屈肘，右掌外旋下落于腹前，再扣腕收至右耳侧，掌心向里，指尖向前；左掌内旋，向下、向左搂手，掌心向下；目视左掌。（图32-1）

图32-1

图32-2

◀ 搂膝左栽捶动作2

说明：重心前移；左腿屈膝，左脚尖落地踏实成左弓步，右脚跟外展；同时，右掌向前推出，腕与肩同高，掌心向前，指尖向上；左掌搂至左膝外侧上方，掌心向下，指尖向前；目视右掌。（图32-2）

▼ 搂膝左栽捶动作3

说明：上身微左转；同时，右臂屈肘，右掌向左摆至左肩前上方，掌心向左，指尖向上；左掌上落，指尖向下；目视左前方。（图32-3）

▼ 搂膝左栽捶动作4

说明：上身微右转，重心前移至左腿；右腿屈膝，右脚收提至左脚内侧；同时，左臂屈肘，左掌屈腕上提至左耳上方；右掌向下、向前搂至右膝前上方，掌心向下，指尖向前；目视前方。（图32-4）

图32－3

图32－4

▶ 搂膝左栽捶动作5

说明：上肢、重心不变，上身微右转；右脚向右前方上步，脚跟着地；目视前方。（图32-5）

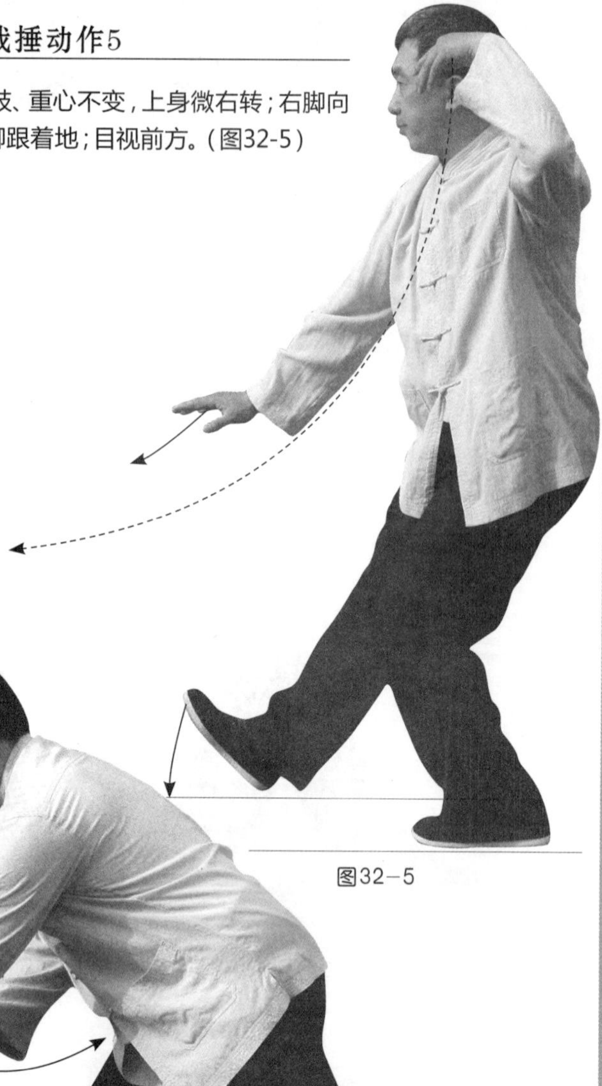

图32—5

▼ 搂膝左栽捶动作6

说明：重心前移，上身微前俯；右腿屈膝，右脚尖落地踏实成右弓步；同时，左掌变拳向前下方斜线栽拳至腹前，拳眼斜向上，拳面向下；右掌内收附于左前臂内侧，掌心向左；目视左拳。（图32-6）

图32—6

★本式提示★

下栽拳时要折腰前倾，从头、颈、腰到尾闾要保持一条斜线，不能低头、弓背、弯腰、凸臀。

第三十三式　左海底针

图33—1

◀ 左海底针动作1

说明：接上势，重心后移；左腿屈膝；同时，左拳变掌外旋，松腕前伸，指尖向前，掌心向右，腕与肩同高；右掌松腕外旋，五指松垂向下，掌心向左，落于右胯外侧；目视左掌。（图33-1）

▶ 左海底针动作2

说明：重心后坐，右脚尖翘起；目视左掌。（图33-2）

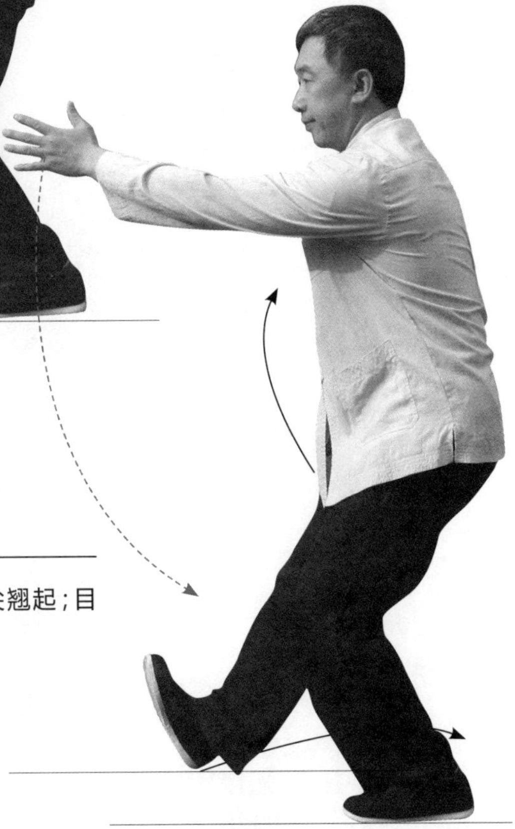

图33—2

▼ 左海底针动作3

说明：重心下落；右脚收至左脚右侧，脚尖虚着地，两腿屈膝下蹲；同时，左臂微屈垂落于体前，左掌下插于两腿前方，掌心向右，指尖向下，距地面约20厘米；右掌经胸前画弧斜掤至左肩前上方，掌心向左，指尖向上；目视前方。（图33-2）

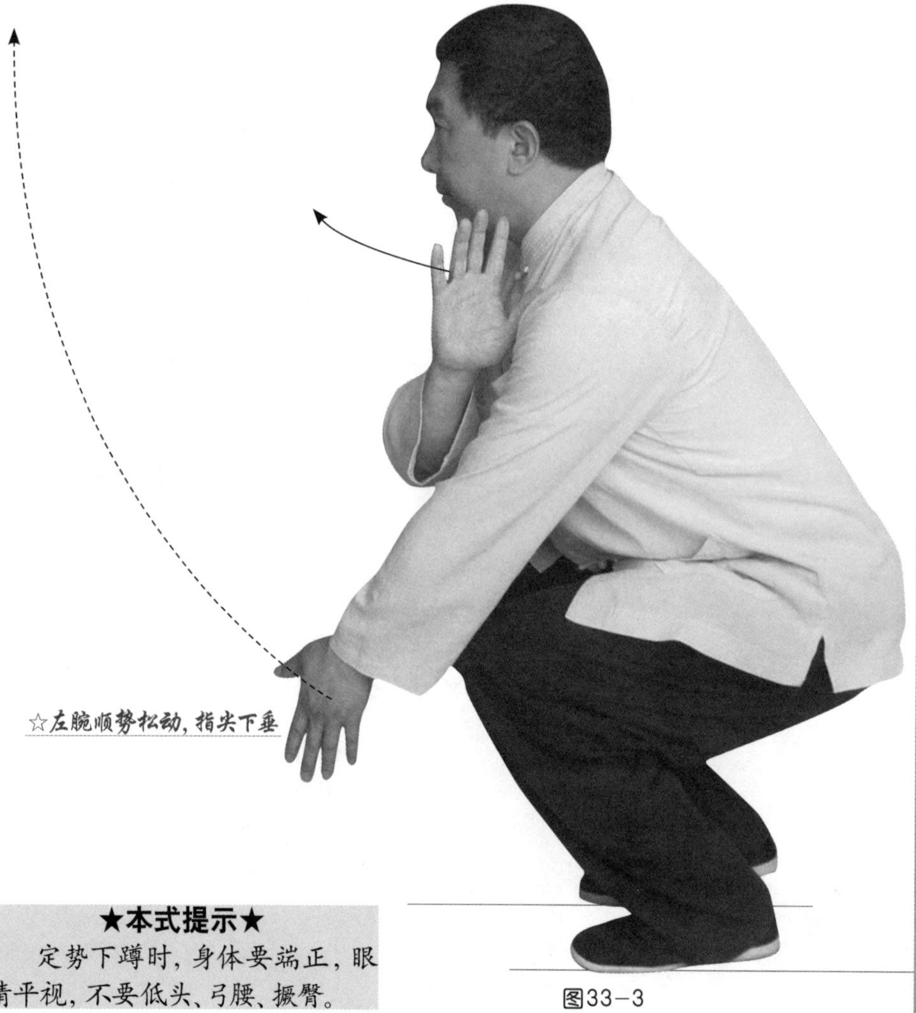

图33－3

★本式提示★

定势下蹲时，身体要端正，眼睛平视，不要低头、弓腰、撅臀。

第三十四式 右闪通背

▶ 右闪通背动作1

说明：接上势，两腿伸膝，立身；同时，左掌向上挑起至胸前，腕与肩同高，掌心向右，指尖向前；右掌外旋，下落至左上臂下方，指尖向前；目视左掌。（图34-1）

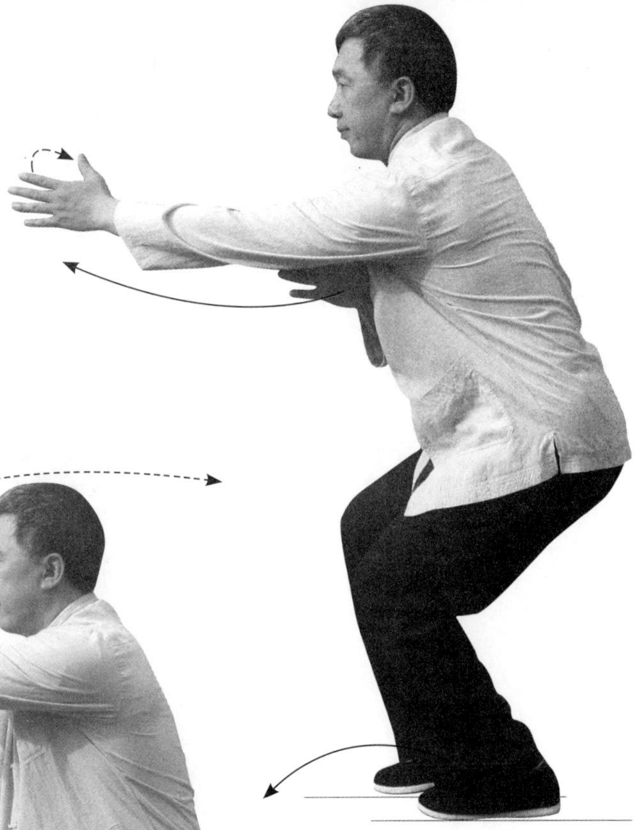

图34－1

图34－2

◀ 右闪通背动作2

说明：右脚向右前上步，脚跟着地；同时，右掌向上沿左臂下方向前穿，当穿至左掌下方时，左掌内旋，两掌心相合；目视左掌。（图34-2）

▼ 右闪通背动作3

说明：身体左转，重心右移至两腿中间；右脚脚尖内扣落地；左脚以脚掌为轴，脚跟内收，两腿屈膝成马步；同时，左臂屈肘，左掌内旋，向左上方画弧架至左额上方，掌心斜向上；右掌内旋，立掌向右前推出，腕与肩同高，掌心向右前方；目视右掌。（图34-3）

图34－3

★本式提示★

定势要通背、松肩、舒指，右推掌和上托掌虎口要撑圆斜向上。两臂如扇形打开，劲由脊发，身桩要端正。

第三十五式 右云手

▼ 右云手动作1

说明：身体左转，重心左移；右脚脚跟外展，左脚脚跟内收成左弓步；同时，左掌向左下按至胸前，腕与肩同高，掌心向下；右掌画弧向下、向左至左腹前方，掌心斜向上，指尖向下；目视左掌。（图35-1）

图35-1

图35-2

◀ 右云手动作2

说明：上身右转，重心右移；右脚尖外撇落实，左脚尖内扣成马步；左掌继续下按，掌心斜向下；右掌经腹前、胸前向上画圆弧上举，腕略高于肩，掌心向里；目视左前方。（图35-2）

图35-3

▶ 右云手动作3

说明：上身右转，重心右移；右腿屈膝成右弓步；同时，右掌经面前向右画弧至右肩前上方，掌心向左，腕略高于眼；左掌下按至左胯外侧；目视左前方。（图35-3）

▶ 右云手动作4

说明：上身右转，重心移至右腿；左脚收至右脚内侧，两脚相距一拳宽；同时，右掌内旋下按至肩右侧，掌心向下；左掌外旋，经腹前向右上方画弧至右腹前方，掌心向上；目视右掌。（图35-4）

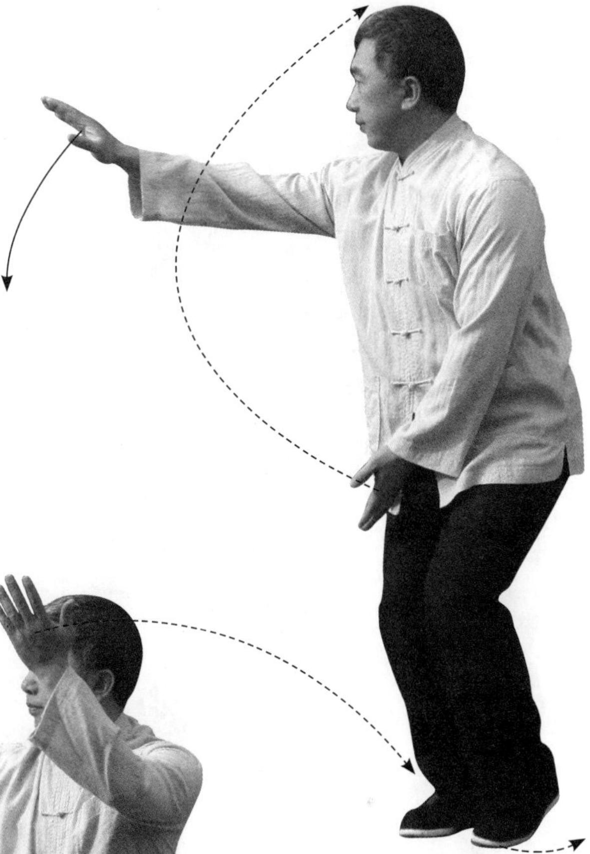

图35－4

图35－5

◀ 右云手动作5

说明：上身左转，重心左移；左脚尖外摆；同时，左掌经体前向右、向上方画弧举至左额前上方，腕略高于眼，掌心向里；右掌继续下按，掌心斜向下；目视右前方。（图35-5）

▼ 右云手动作6

说明：上身左转，重心左移；右脚收至左脚内侧，两脚相距一拳宽；同时，左掌内旋，向左前方下按，腕与肩同高，掌心斜向下；右掌外旋，经腹前向左上方画弧至左腹前方，掌心斜向上；目视左掌。（图35-6）

图35－6

▼ 右云手动作7 ~ 动作9

说明：重复动作1至动作3。（图35-7~图35-9）

图35-7

图35-8

图35-9

▼ 右云手动作10 ~ 动作12

说明：重复动作4至动作6。（图35-10~图35-12）

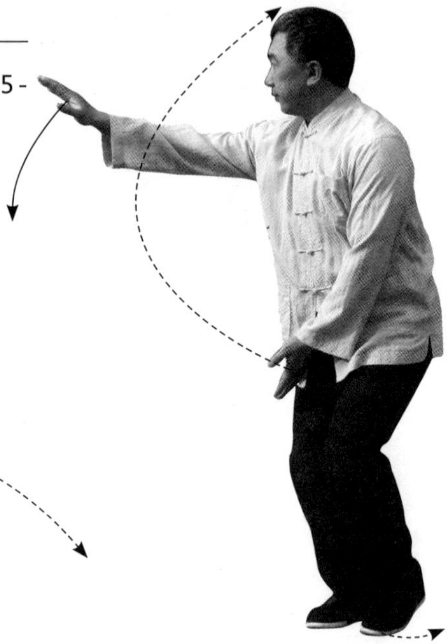

图35-10

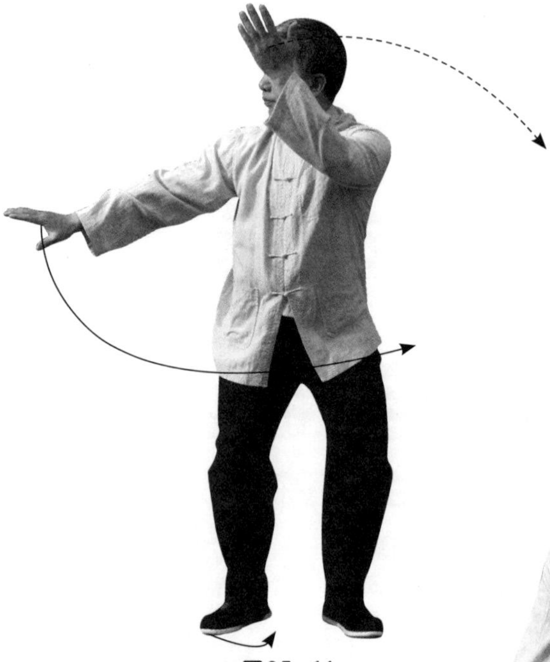

图35-11

图35-12

▼ 右云手动作13 ~ 动作15

说明：重复动作1至动作3。（图35-13~图35-15）

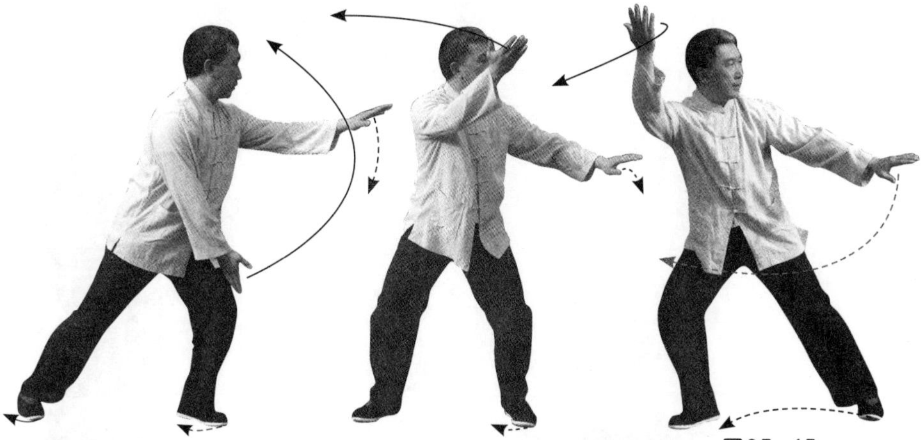

图35—13 图35—14 图35—15

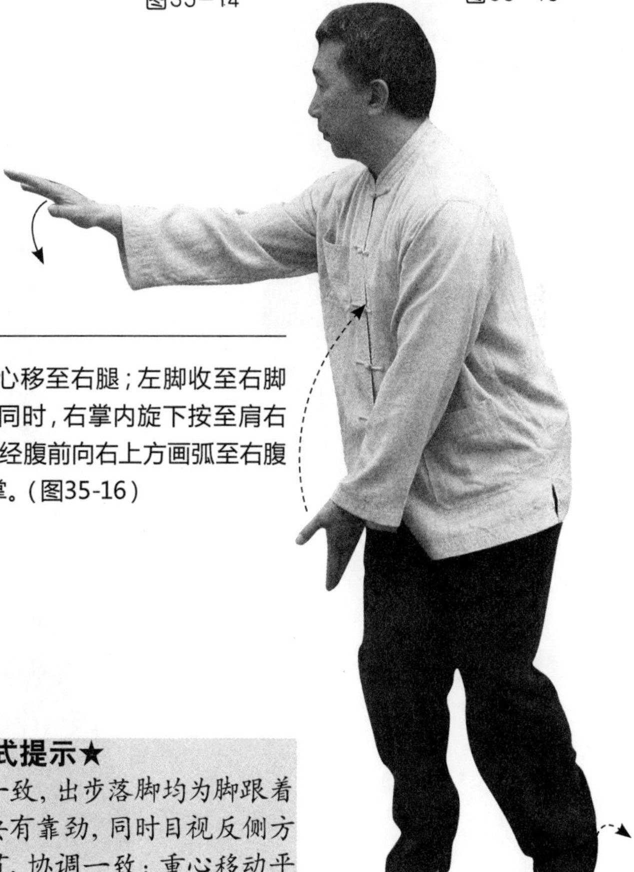

▶ 右云手动作16

说明：上身右转，重心移至右腿；左脚收至右脚内侧，两脚相距一步宽；同时，右掌内旋下按至肩右侧，掌心向下；左掌外旋，经腹前向右上方画弧至右腹前方，掌心向上；目视右掌。（图35-16）

图35—16

★本式提示★

两脚尖摆扣方向一致，出步落脚均为脚跟着地；横弓步时，肩、臂要有靠劲，同时目视反侧方向；上下肢动作要连贯，协调一致；重心移动平稳，不要起伏；速度均匀，不要忽快忽慢。

第三十六式　左高探马

▼ 左高探马动作1

说明：接上势，上身微右转，重心左移；左脚跟外展；同时，左臂屈肘，左掌屈腕上提至左胸前上方；右掌下按；目视前方。（图36-1）

▼ 左高探马动作2

说明：身体右转，重心移至左腿；右脚向右前上步，前脚掌着地成右虚步；同时，左掌变立掌向体前推出，腕与肩同高，掌心向右前方，指尖斜向上；右掌外旋收至腹前，掌心向上，指尖向左；目视左掌。（图36-2）

要点：坐腿、立腰、含胸。

★本式提示★

左掌前探，掌指不可向前，要坐腕。上体要松沉直竖，头顶百会虚虚领起。右脚上步轻灵虚点，左腿收胯、坐稳、微屈。

图36-1

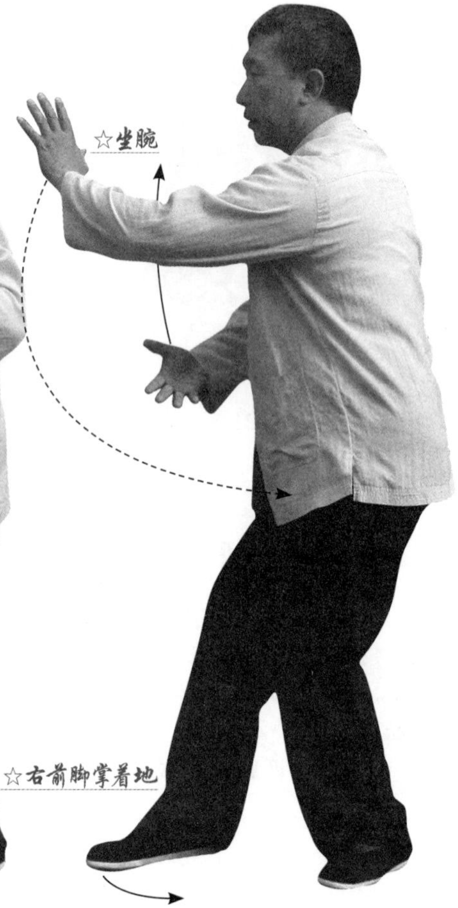

图36-2

第三十七式 回身指裆捶

图37-1

◀ 回身指裆捶动作1

说明：接上势，身体左转90°，重心右移；右脚跟落地踏实后脚尖内扣；同时，左掌向左下搂至腹前；右臂屈肘，右掌外旋上提；目视左掌。（图37-1）

▶ 回身指裆捶动作2

说明：上身微左转，重心右移；同时，右掌屈腕上提至右耳上方，掌心向下；左掌平搂至左膝外侧上方；目视左掌。（图37-2）

要点：两腿屈膝成内八字形。

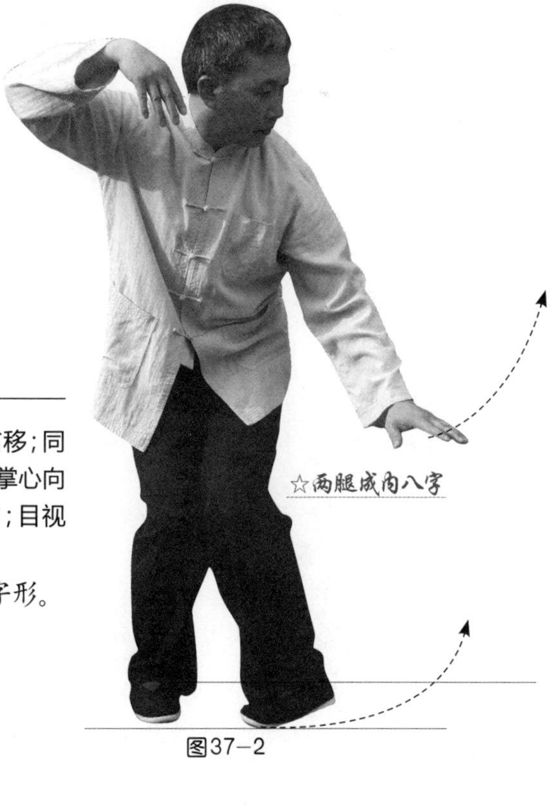

图37-2

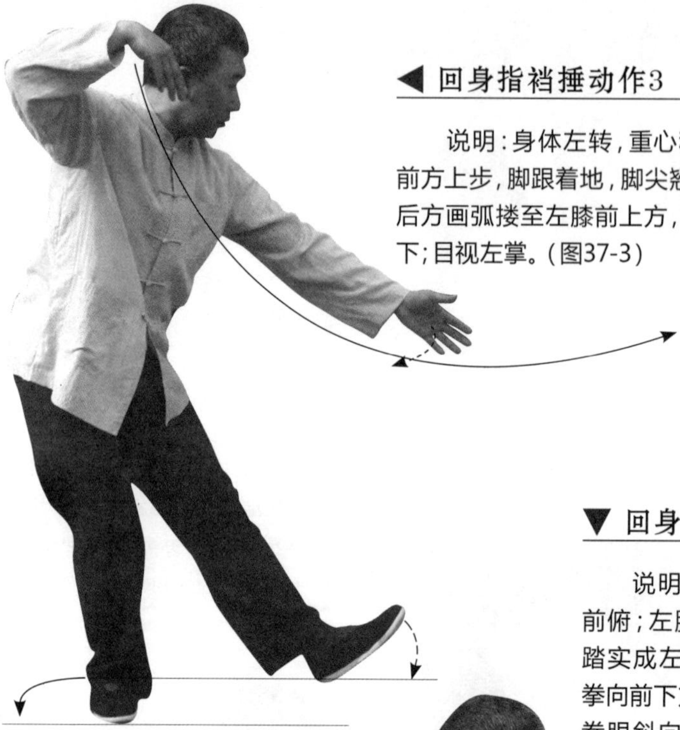

图37—3

◀ 回身指裆捶动作3

说明：身体左转，重心移至右腿；左脚向左前方上步，脚跟着地，脚尖翘起；同时，左掌向左后方画弧搂至左膝前上方，掌心向右，指尖斜向下；目视左掌。（图37-3）

▼ 回身指裆捶动作4

说明：重心前移，上身微前俯；左腿屈膝，左脚尖落地踏实成左弓步；同时，右掌变拳向前下方斜线栽拳至腹前，拳眼斜向上，拳面斜向下；左掌内收附于右前臂内侧，掌心向左；目视右拳。（图37-4）

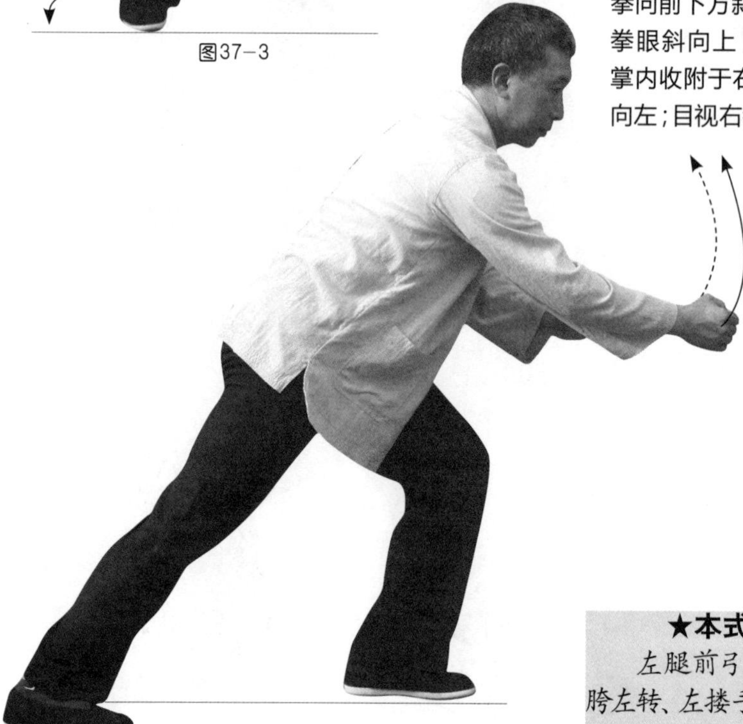

图37—4

★本式提示★

左腿前弓、右腿后蹬、腰胯左转、左搂手和右前击要同步协调一致，右拳前击时要随势使上体微前俯。

第三十八式 左下势

◀ 左下势动作1

说明：接上势，上身微立起；同时，右拳舒伸五指变掌，两臂平行举于体前，两掌掌心相对，与肩同高、同宽，指尖均向前；目视两掌。（图38-1）

图38－1

▶ 左下势动作2

说明：上身右转，重心右移；右脚跟内收，右腿屈膝成半马步；目视两掌。（图38-2）

图38－2

▶ 左下势动作3

说明：身体右转，左脚跟外展，两腿正向成马步；同时，两掌内旋，掌心均向外，指尖向上，向右画弧平移至正前方，腕与肩同高；目视两掌。（图38-3）

图38－3

◀ 左下势动作4

说明：上身右转，重心右移，右腿屈膝成右弓步；同时，两掌向右画弧至右肩外侧，腕与肩同高；目视两掌。（图38-4）

图38－4

▼ 左下势动作5

说明：重心下落，上身随之左转；右腿屈膝全蹲成左仆步；同时，两掌画弧下按至右膝前内侧，左指尖与左脚尖成一竖线后，再经腹前沿左腿内侧向前穿出，左掌穿至左踝上方，右掌穿至左膝内侧，两掌掌心相对，拇指向上；目视左掌。（图38-5）

☆松腰、沉胯

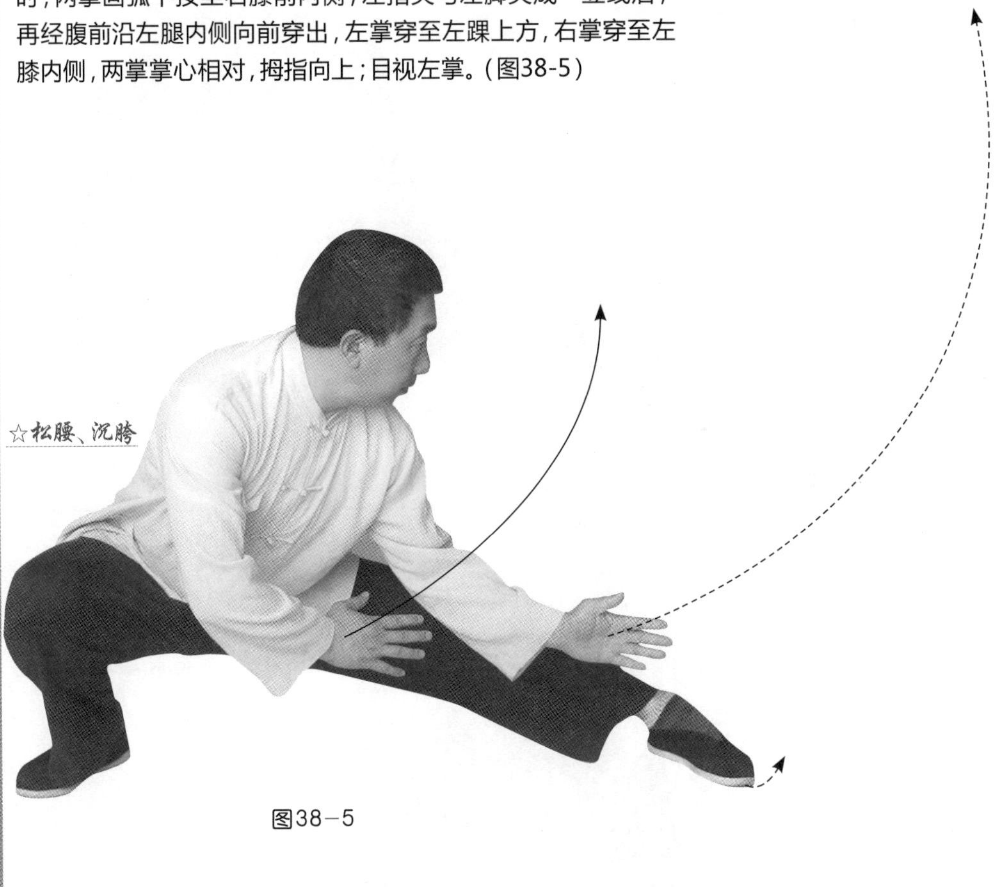

图38－5

★本式提示★

两掌弧形内收下移时，要沉肩垂肘，以肩带肘，以肘带腕，以腕带掌，前穿连贯圆活。仆步下势时，要松腰沉胯，提顶立身，上身尽量保持正直。

第三十九式 上步七星

▼ 上步七星动作1

说明：接上势，重心左移，上身左转立起；右腿蹬伸，左腿屈膝成左弓步，左脚尖外摆；同时，左掌随转体向前、向上穿伸至胸前，指尖向前，与鼻同高；右掌贴于左腹前方；目视左掌。（图39-1）

图39—1

图39-2

◀ 上步七星动作2

说明：上身左转，右脚脚尖内扣；同时，右掌穿至左上臂下方，掌心向上，指尖向左；目视左掌。（图39-2）

▶ 上步七星动作3

说明：上身右转，重心前移至左腿；右脚蹬地上提经左脚内侧，再向右前上步，脚跟着地，脚尖上翘成右虚步；同时，右掌沿左臂下方向左前穿至左腕下方，两掌在胸前交叉，两腕相搭成斜十字形，左掌在里，两掌心向外，手指斜向上；目视两掌。（图39-3）

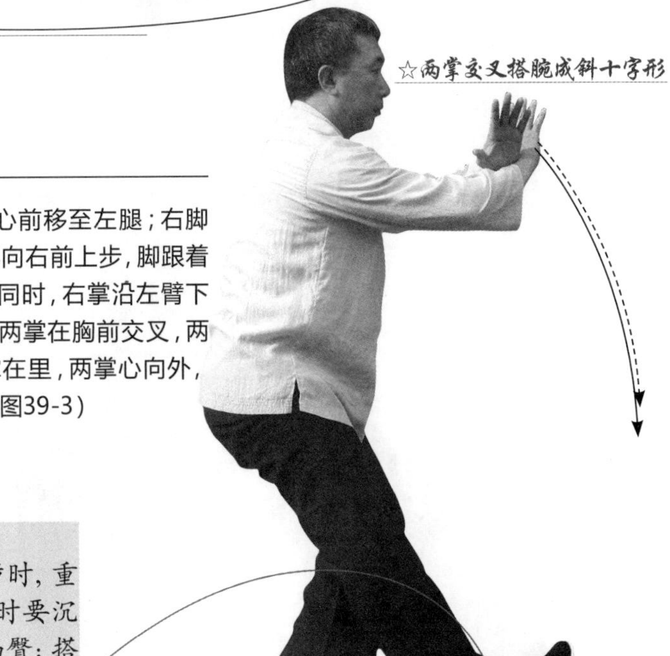

图39-3

★本式提示★

由下势过渡到弓步时，重心移动要平稳；立身时要沉胯、立腰，不要弓腰、凸臀；搭腕和右脚上步要协调一致。

第四十式 退步跨虎

▼ 退步跨虎动作1

说明：接上势，上身下俯；左腿屈膝，右脚上提经左小腿内侧，再向右后方撤一大步成左弓步；同时，两掌左右分开与肩同宽，向前、向下沉按至左膝前上方，掌心向下，指尖向前；目视两掌。（图40-1）

图40—1

▼ 退步跨虎动作2

说明：身体右转，重心右移；右腿屈膝，右脚跟向左蹍转落地踏实，左脚尖内扣成右弓步；同时，两掌继续右转平捋，右掌向右前方画弧至右胯旁；左掌向右前画弧平移至右腿前上方，两掌心均向下，指尖向前；目视两掌。（图40-2）

▼ 退步跨虎动作3

说明：重心不变；右臂屈肘，右掌外旋上提，掌心向里；左掌前搂至右膝外侧；目视左掌。（图40-3）

图40－2

图40－3

图40－4附图

图40－4

★本式提示★

定势时，右腿由屈膝慢慢伸展，左脚钩挂；同时，右掌徐徐推掌，与左掌提勾协调一致，上下动作相随，同时完成。

◀ 退步跨虎动作4

说明：上身左转，重心移至右腿；右腿伸膝直立；左腿屈膝，左脚上提至右腿前方，脚面展平，脚掌里扣，左脚高过右膝，左膝高过腰；同时，右掌上提至右耳外侧，再向前方推出成立掌，腕与肩同高，掌心向前，指尖向上；左掌变勾手向左、向后、向上提至身体左侧，腕略高于肩；目视左前方。（图40-4、图40-4附图）

第四十一式 左迎面掌

◀ 左迎面掌动作1

说明：接上势，身体左转；右腿屈膝，右脚跟微内扣；左脚向右前落步，脚跟着地，脚尖上翘成左虚步；同时，右掌内旋，右臂屈肘横于胸前，腕与肩同高，掌心斜向下；左臂屈肘，左勾手变掌下落收于左胯外侧，掌心向上，指尖向前；目视右掌。（图41-1）

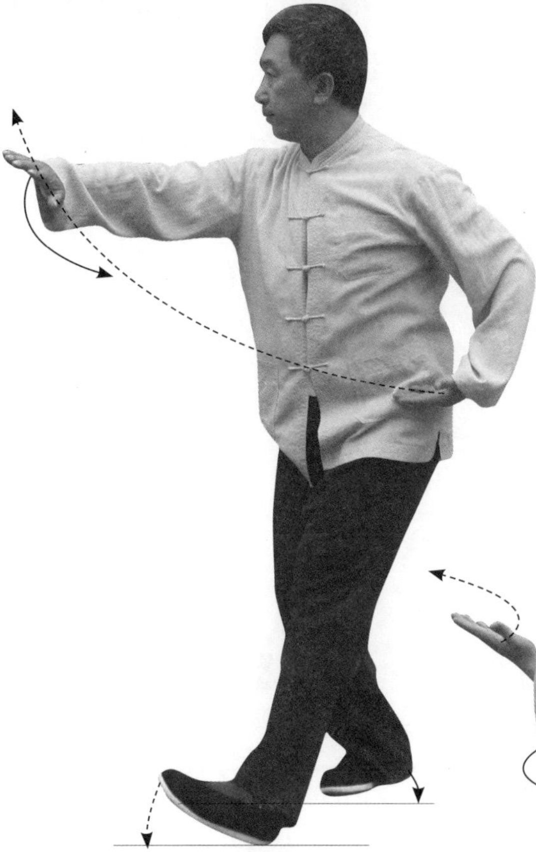

图41－1

▶ 左迎面掌动作2

说明：身体右转，重心前移；左腿屈膝，左脚尖落地踏实成半马步；右脚跟内扣，与左脚平行；同时，左掌经右腕上方向前推出成托掌，掌心向上；右掌按掌收附于左肘下方，掌心向下；目视左掌。（图41-2）

图41－2

▼ 左迎面掌动作3

说明：重心前移成左弓步；同时，左掌内旋，向前推按，掌心斜向前，指尖向上，腕与肩同高；右掌外旋，托于左肘下方，掌心向上，指尖向左；目视左掌。（图30-5）

★本式提示★

转身落步与右腿屈膝要配合协调；推左掌时速度要均匀，重心不要出现起伏。

图41—3

第四十二式　转身摆莲

▼ 转身摆莲动作1

说明：接上势，身体右后转90°，重心右移；同时，左臂屈肘，左掌向内合，平穿至右肩前方；右掌下落附于左腹前，两臂交叉合抱于胸前；目视左掌。（图42-1）

▼ 转身摆莲动作2

说明：上身不变；左脚以脚跟为轴，脚尖内扣；目视左掌。（图42-2）

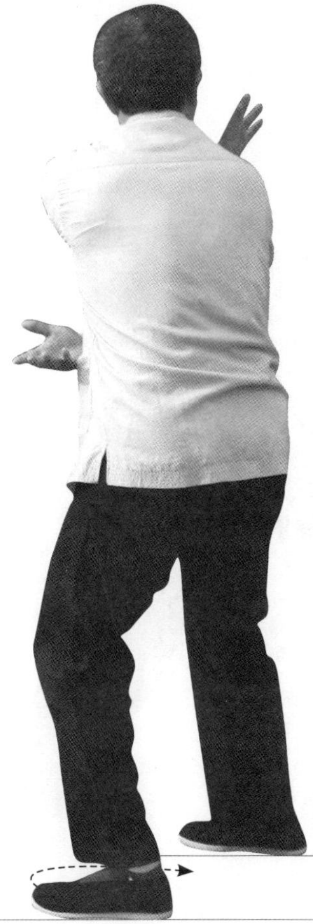

图42-1

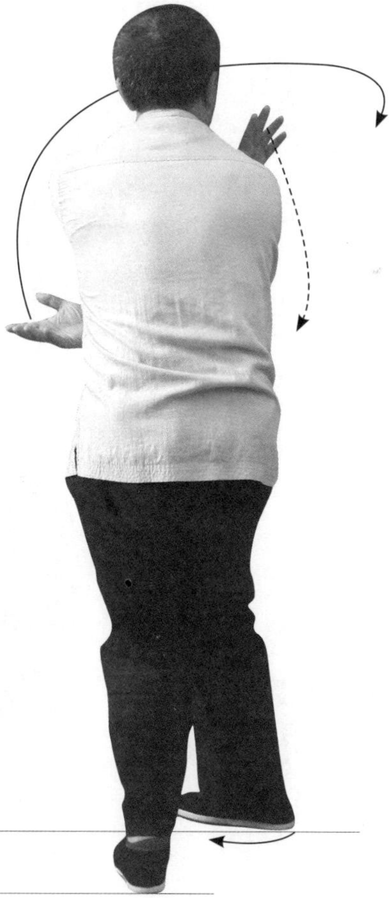

图42-2

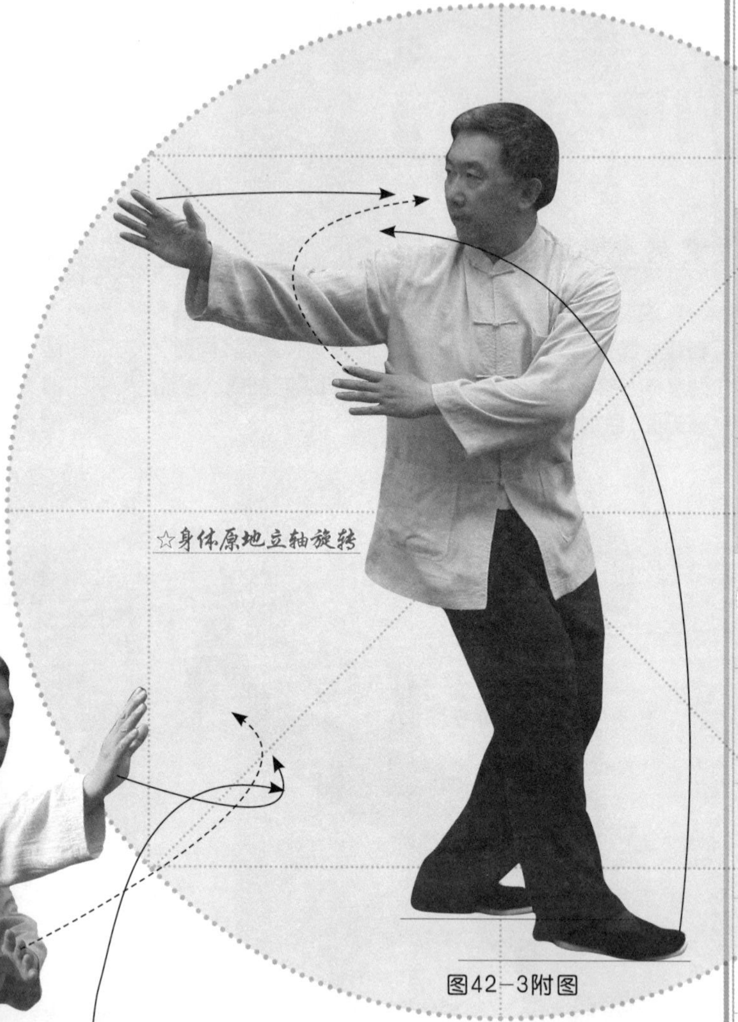

图42-3附图

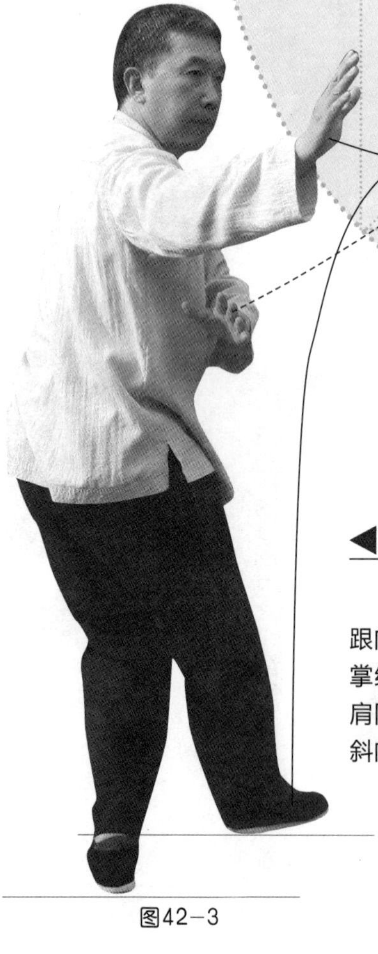
图42-3

◀ 转身摆莲动作3

说明：上身向右拧转，重心后移；右腿微屈膝，右脚跟向内踉转，脚向右前45°，脚跟微提成右虚步；同时，右掌经左前臂外侧翻掌向右上方画弧至右肩后上方，腕与肩同高，指尖向上；左掌下按，落于右肘内侧下方，掌心斜向下；目视右掌。（图42-3、图42-3附图）

要点：下肢稳固，上身拧转，不要左右摆晃。

▼ 转身摆莲动作4

说明：上身左转，重心移至左腿；左腿伸膝站直；右腿屈膝提起，伸直向左、向上、向右画弧摆起；同时，两掌向左摆，当右脚摆至胸前时，左右掌向左依次拍击右脚面；目视两掌。（图42-4）

▼ 转身摆莲动作5

说明：上身左转；右腿下落屈膝，右脚提起；同时，两掌向左摆至身体左侧；目视左掌。（图42-5）

图42-4

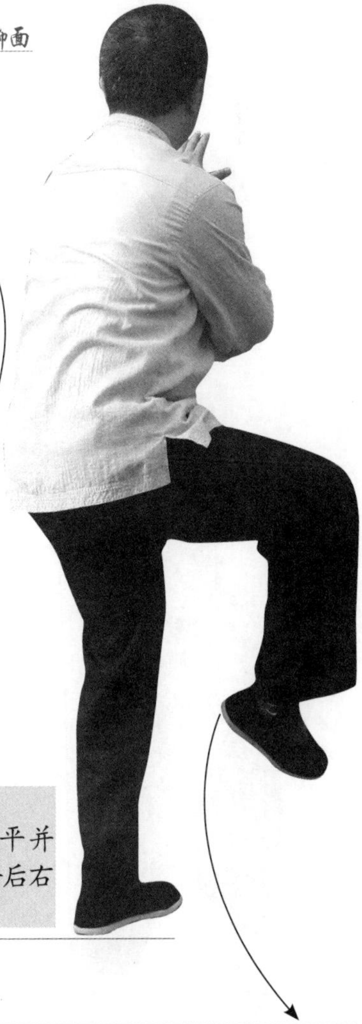

图42-5

★本式提示★

摆腿时，右脚需展平并内扣；拍击要准确，拍击后右腿稍提膝并略停顿。

第四十三式　弯弓射虎

▼ 弯弓射虎动作1

说明：接上势，重心右移；左腿屈膝，右腿向右下落，脚跟着地，脚尖翘起；目视左掌。（图43-1）

▼ 弯弓射虎动作2

说明：身体右转，重心右移；右脚尖下落踏实，两腿屈膝成马步；同时，两掌向下、向右下按至腹前，掌心向下；目视两掌。（图43-2）

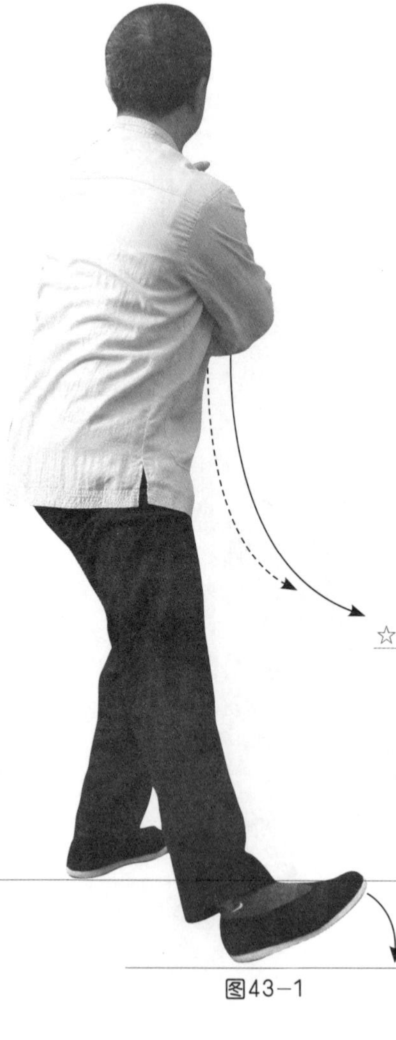

图43-1

图43-2

▼ 弯弓射虎动作3

说明：上身右转，重心右移，左脚跟外展成右弓步；同时，两掌经腹前向右画弧至右膝外侧上方；目视右下方。（图43-3）

▼ 弯弓射虎动作4

说明：上身继续向右拧转；同时，右臂屈肘，右掌变拳提至右肩前方，拳心斜向外，拳眼斜向下；左臂屈肘，左掌变拳提至右胸前，拳心斜向下，拳眼向里；目视右前方。（图43-4）

图43－3

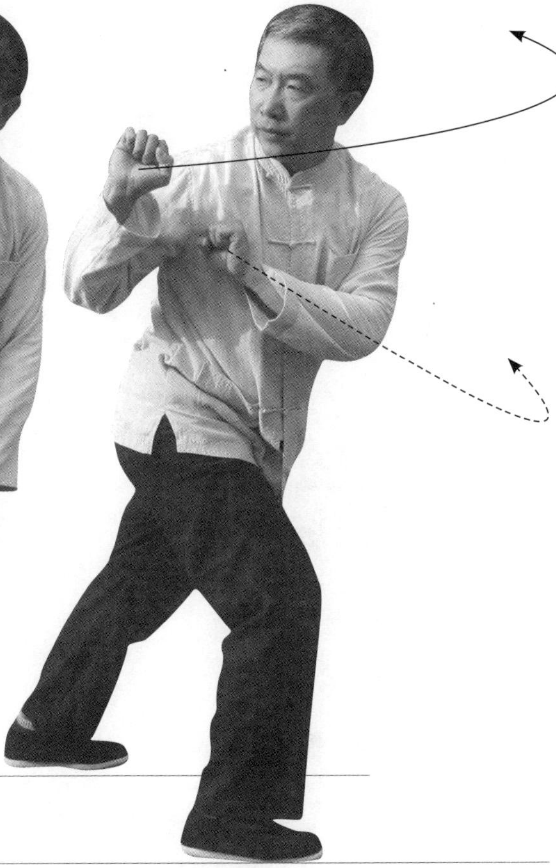

图43－4

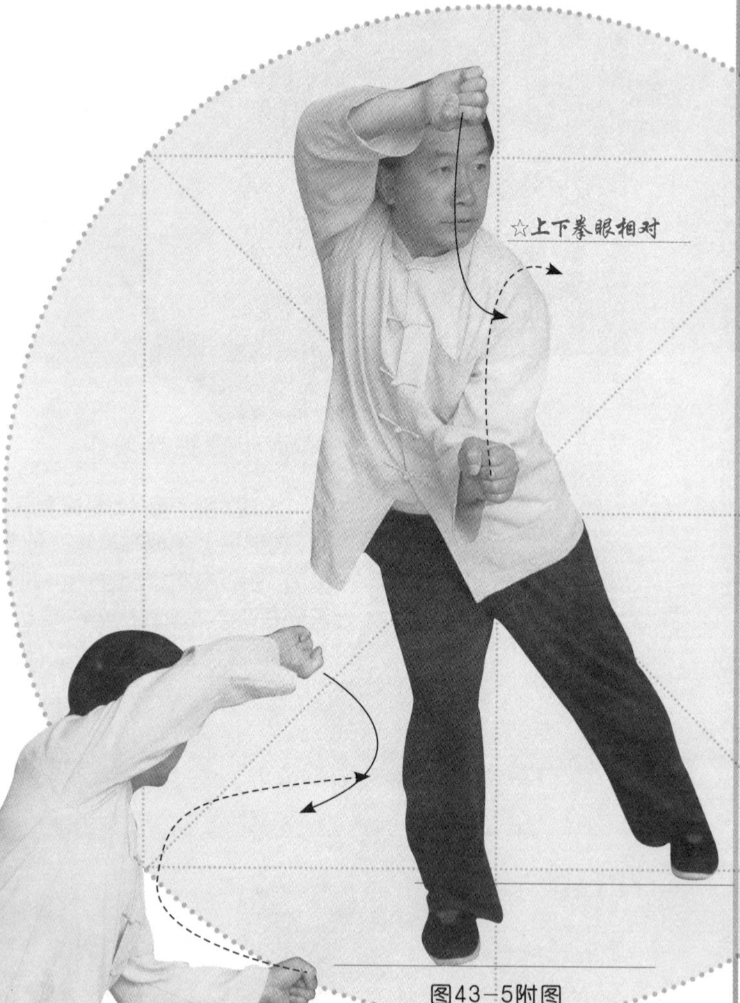

图43-5附图

◀ 弯弓射虎动作5

说明：上身左转，重心不变；同时，右臂伸肘，右拳向左前方画弧打出至右额右上方，拳心向外，拳眼向下；左拳以肘为轴，向左前方画弧打出至身体左侧，拳与腹部同高，拳眼向上，拳面向前；目视左前方。（图43-5、图43-5附图）

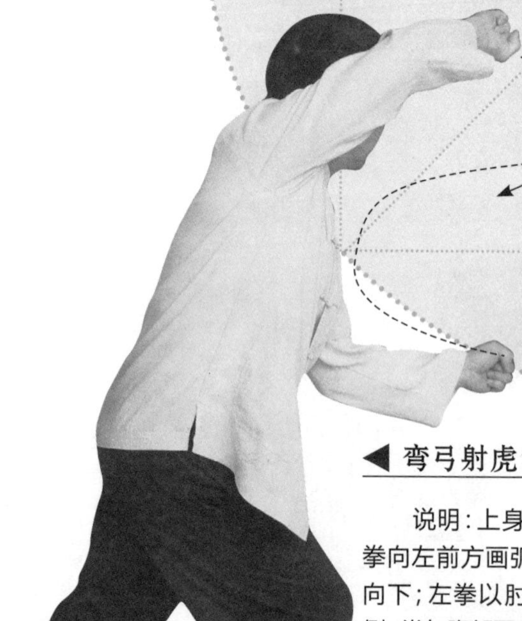
图43-5

★本式提示★

本式腰先左转，后右转，再左转，两臂的运行都要与腰旋转协调一致。握拳不宜紧实，以松柔为宜，两拳眼上下呼应。重心在右腿，左肘与右膝上下相对。

第四十四式 退步搬拦捶

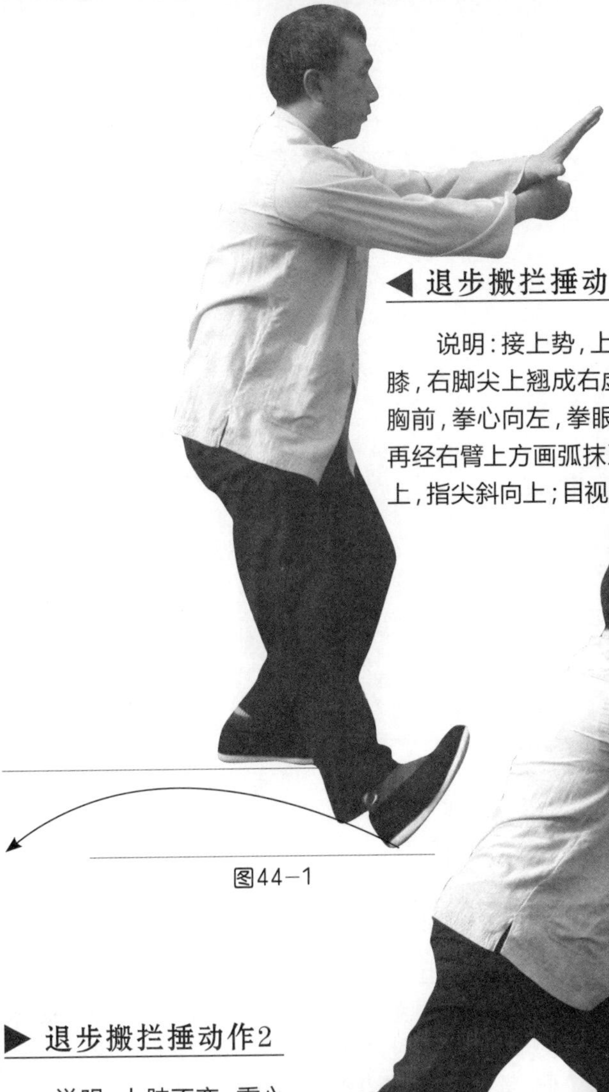

◀ 退步搬拦捶动作1

说明：接上势，上身微右转，重心后移；左腿屈膝，右脚尖上翘成右虚步；同时，右拳外旋，下落至胸前，拳心向左，拳眼向上；左拳变掌，收至胸前，再经右臂上方画弧抹至右拳上方，掌根按于右拳眼上，指尖斜向上；目视左掌。（图44-1）

图44—1

▶ 退步搬拦捶动作2

说明：上肢不变，重心后移；右脚向后撤步成左弓步；目视左掌。（图44-2）

图44—2

▼ 退步搬拦捶动作3

说明：身体后坐左转，重心后移；右腿屈膝，左脚尖翘起成左虚步；同时，左掌右拳向下、向左画弧收至左胯外侧上方；目视左掌。（图44-3）

▼ 退步搬拦捶动作4

说明：上身右转，重心不变；同时，左掌外旋，向体前推出，腕与肩同高，掌心向右，指尖向上；右拳收至右胯外侧，拳心向里；目视左掌。（图44-4）

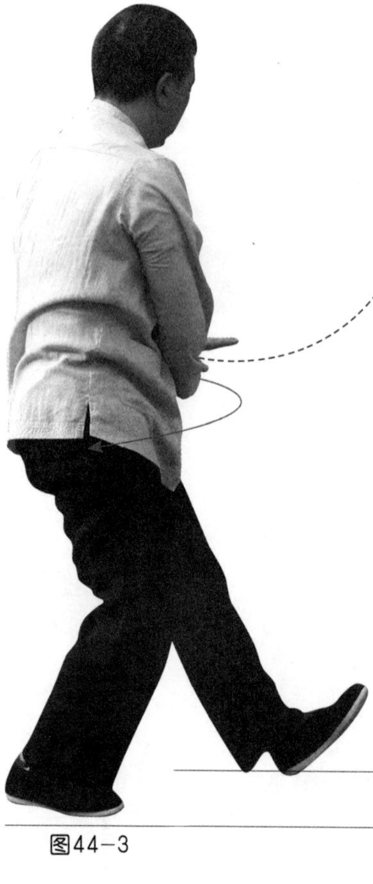

图44-3

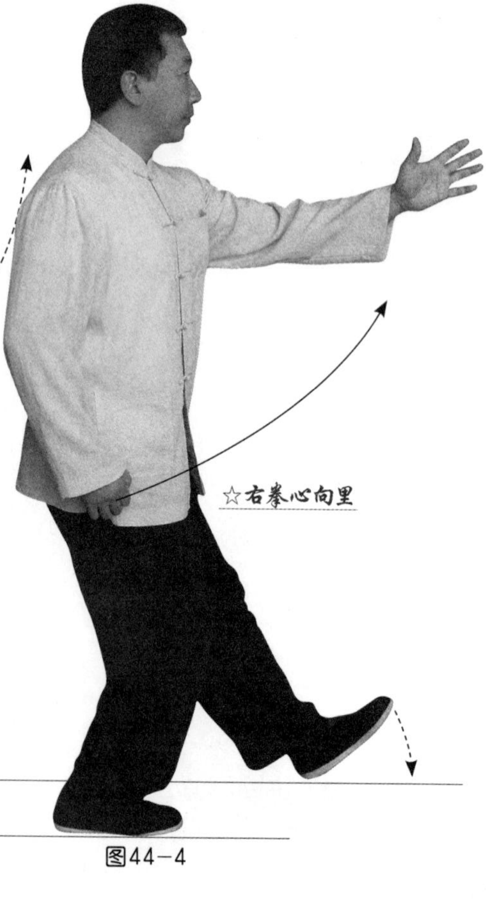

图44-4

图44-5

◀ 退步搬拦捶动作5

说明：重心前移，左脚尖落地踏实；同时，右拳向前上方打出。（图44-5）

▼ 退步搬拦捶动作6

说明：重心继续前移，左腿屈膝成左弓步；同时，右拳继续经左臂下方向前上方打出，拳与肩同高，拳眼向上；左掌附于右前臂内侧，掌心斜向内；目视右拳。（图44-6）

图44-6

★本式提示★

右脚退步要在松腰落胯时进行，两腿虚实转换带动两手臂搬、拦、捶要均匀连贯，招招贯穿。右出拳时不要直臂远伸。

第四十五式 收势

▼ 收势动作1

说明：接上势，身体右转，重心右移；两腿屈膝半蹲成马步，右脚跟内转；同时，右拳变掌内旋，向右平行画弧向身体右侧展开，两掌心均斜向下；目视右掌。（图45-1）

图45—1

图45-2

▲ 收势动作2

说明：身体右转，重心右移；左腿伸膝，左脚跟外展成右弓步；同时，右掌继续平行向右分展，两臂成160°；目视右掌。（图45-2）

图45-3

▶ 收势动作3

说明：上身左转，重心右移；左脚收至右脚内侧，两脚与肩同宽；同时，两臂向前、向内画弧收于体前，腕与胸平，掌心向下，指尖向前；目视前方。（图45-3）

要点：两肘下沉，稍向外展，两掌指微向内收。

▼ 收势动作4

说明：两腿徐徐伸膝；同时，两掌慢慢下落，指尖微微分开；目视前方。（图45-4）

▼ 收势动作5

说明：两腿伸膝；两掌下落，自然垂于大腿两侧，指尖向下；目视前方。（图45-5）

▼ 收势动作6

说明：左脚提起向右脚并拢，身体直立；目视前方。（图45-6）

★本式提示★

呼吸均匀、神态自然、目视远方、气定神闲。

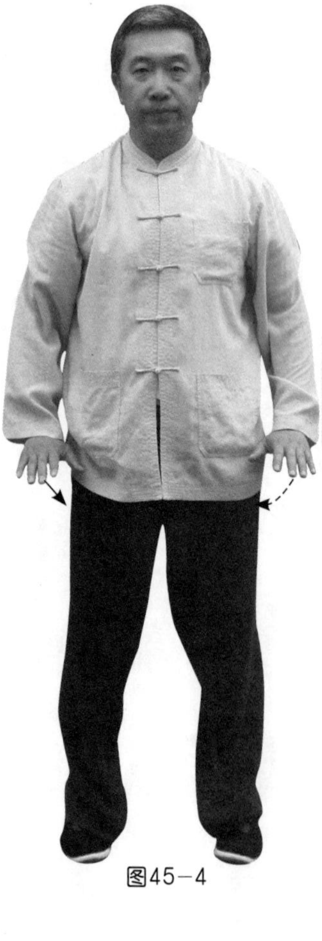

图45-4

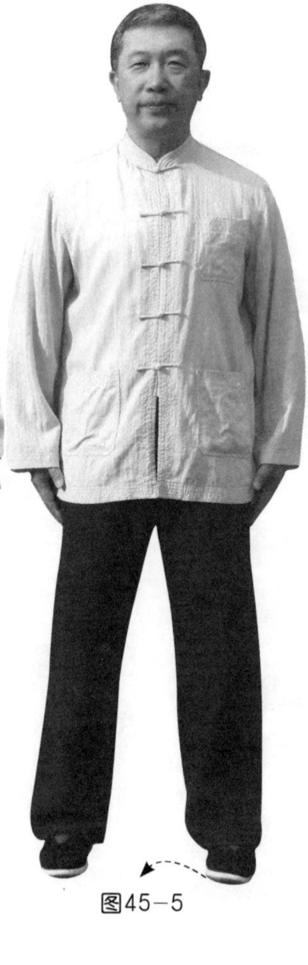

图45-5

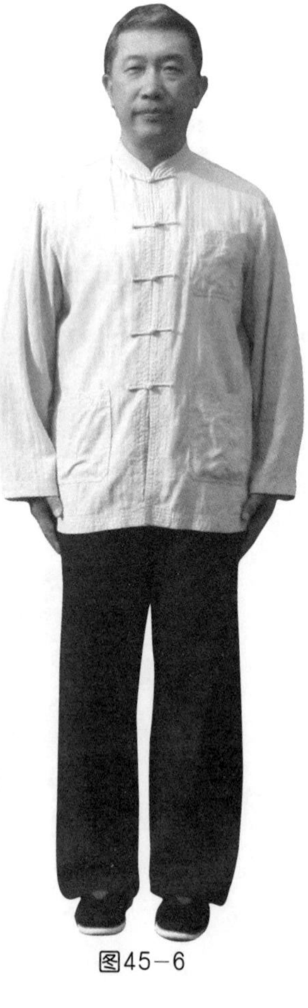

图45-6

四、吴式太极拳四十五式套路动作连续演示图

第一式　起势

第二式　右揽雀尾

第三式 左单鞭

第四式 提手上势

第五式 白鹤亮翅

第六式 左右搂膝拗步

第七式 手挥琵琶

第八式　进步搬拦捶

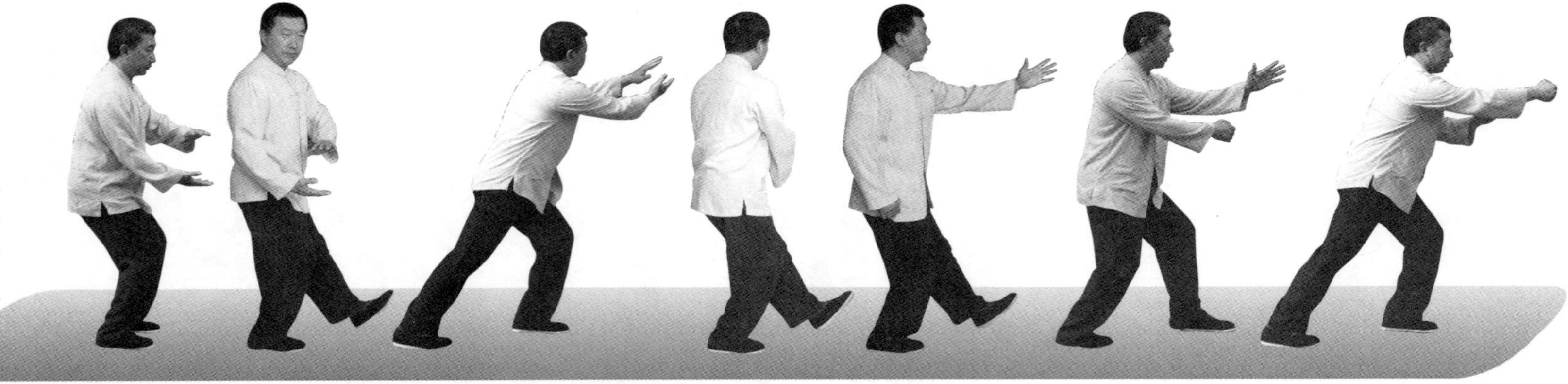

第九式　如封似闭

第十式　十字手

第十一式 左揽雀尾

第十二式 右单鞭

第十三式 右下势

第十四式 金鸡独立

第十五式 左右倒卷肱

第十六式 右海底针

第十七式 左闪通背

第十八式 撇身捶

第十九式 肘底看捶

第二十式 左右野马分鬃

第二十一式 玉女穿梭

第二十二式 左云手

第二十三式 右高探马

第二十四式 右分脚

第二十五式 左分脚

第二十六式 左右打虎

第二十七式 右蹬脚

第二十八式 双峰贯耳

第二十九式 斜飞势

第三十式 右迎面掌

第三十一式 十字拍脚

第三十二式 搂膝左栽捶

第三十三式 左海底针

第三十四式 右闪通背

第三十五式 右云手

第三十六式 左高探马

第三十七式 回身指裆捶

第三十八式 左下势

第三十九式 上步七星

第四十式 退步跨虎

第四十一式 左迎面掌

第四十二式 转身摆莲

第四十三式 弯弓射虎

第四十四式 退步搬拦捶

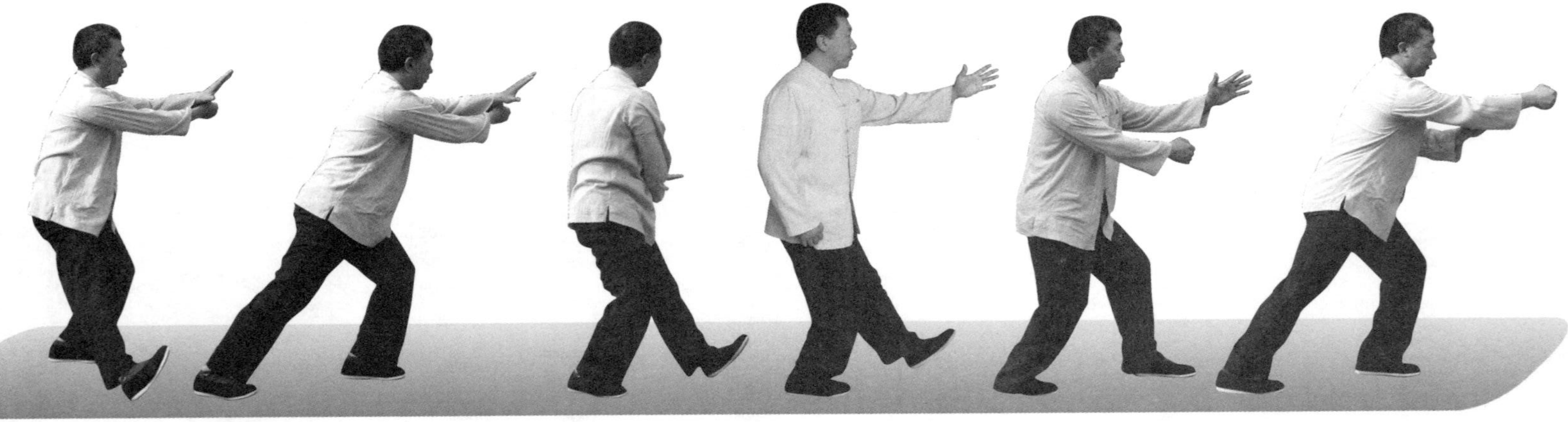

第四十五式 收势

五、吴式太极拳四十五式套路动作布局示意图

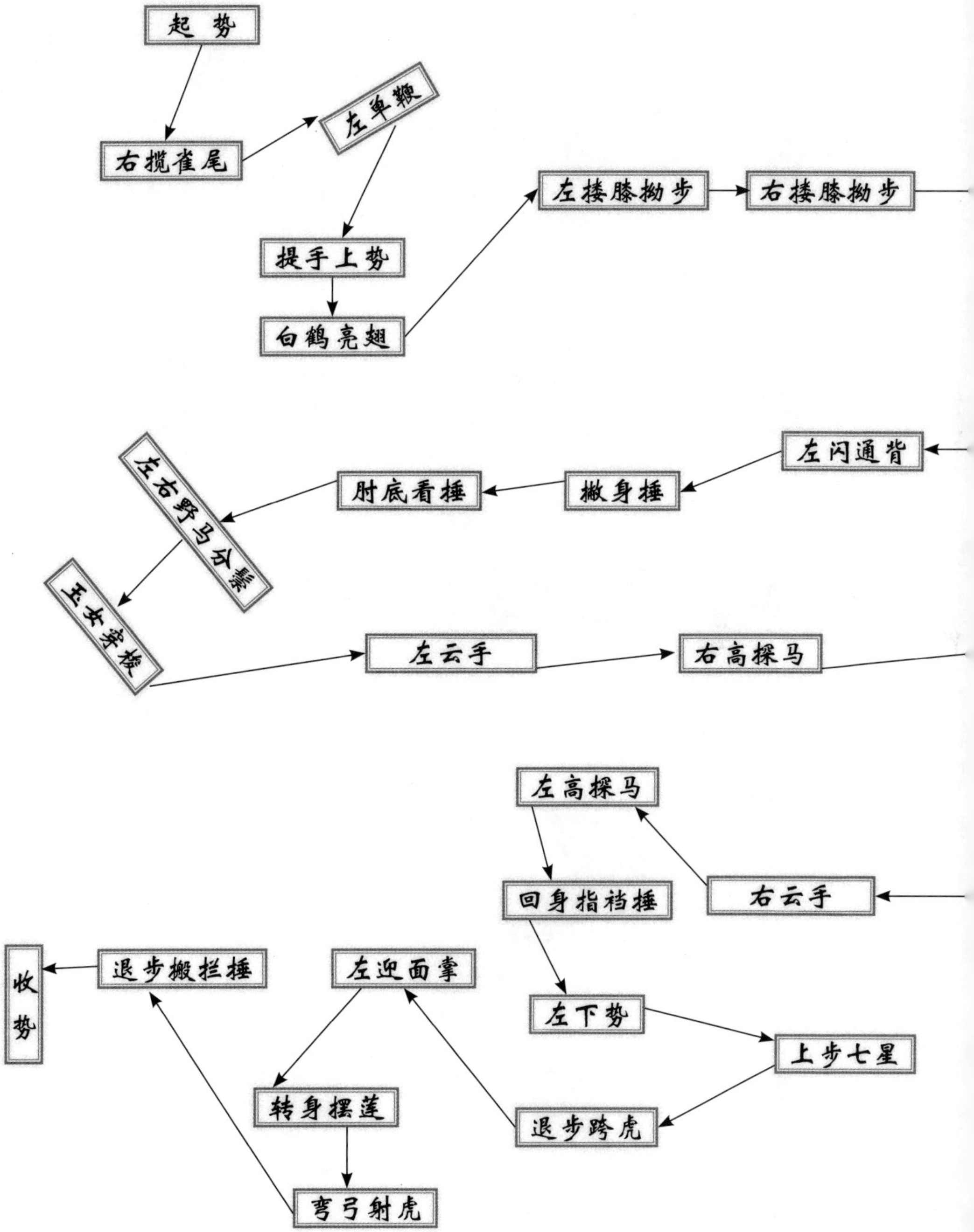

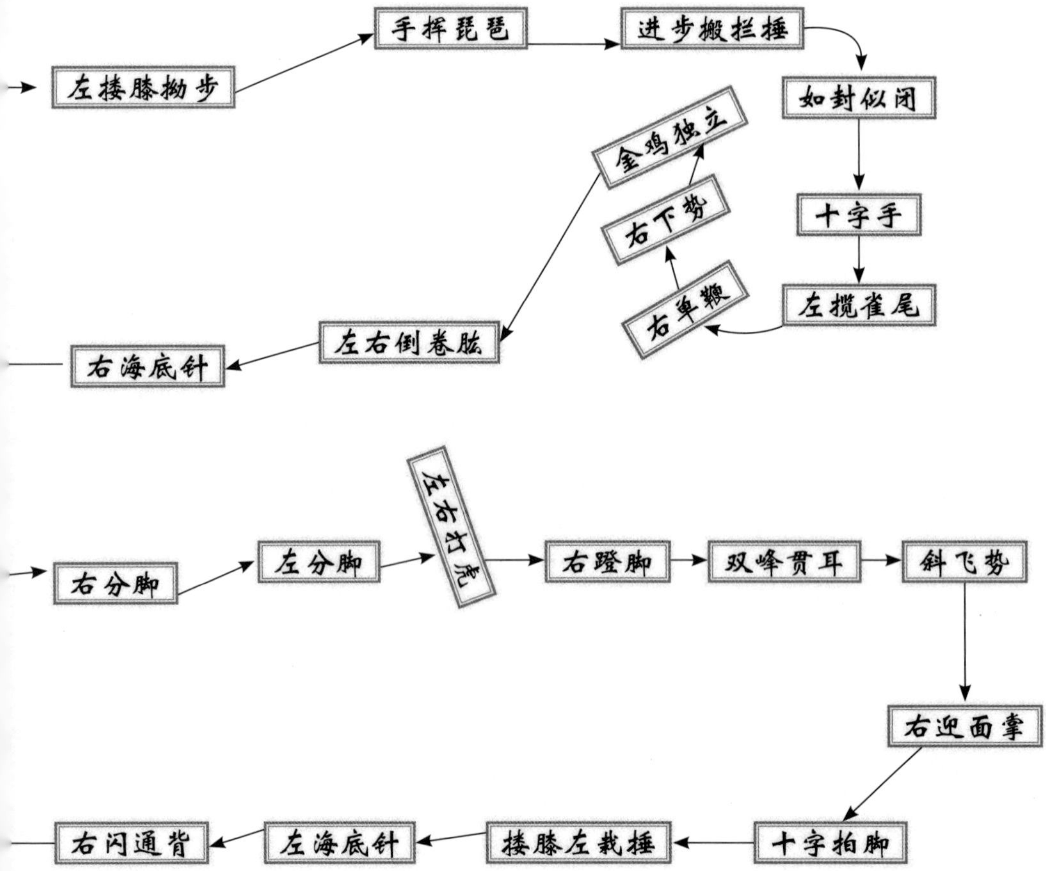
左搂膝拗步
手挥琵琶
进步搬拦捶
如封似闭
十字手
左揽雀尾
右单鞭
右下势
金鸡独立
左右倒卷肱
右海底针
右分脚
左分脚
左右打虎
右蹬脚
双峰贯耳
斜飞势
右迎面掌
十字拍脚
搂膝左栽捶
左海底针
右闪通背

周学鳌、傅作义、楚溪春、赵君迈、叶浅予、戴爱莲、张云溪、曾维琪、白玉玺、刘晚苍、修良、修占、孙南馨、吴大揆、吴大齐、吴雁霞、马海龙、马江豹等。★
代传人马长勋、王举兴、魏东振、刘德启、梁秀玲、刘伟、宗维洁、童红云、王晓燕、项国员、刘玉兰、冯益健、冯志明、李树峻、王大勇、谷平海、吕德和、王乃昭、
相、周世勤、高壮飞、关振军、张全亮、王凤锁、潘淑仪、陈湘陵、梁宝根、赵振生、刘亚非、徐徒翔、刘兴基、梅墨生、张旭初、马金龙、张耀忠、刘峻骧、张鸿诚、
钊、吴光宇等。★ 吴式太极拳轻静柔化，紧凑舒伸，川字步型，斜中寓正。★ 第一式起势、第二式右揽雀尾、第三式左单鞭、第四式提手上势、第五式白鹤亮
第六式左右搂膝拗步、第七式手挥琵琶、第八式进步搬拦捶、第九式如封似闭、第十式十字手、第十一式左揽雀尾、第十二式右单鞭、第十三式右下势、
四式金鸡独立、第十五式左右倒卷肱、第十六式右海底针、第十七式左闪通背、第十八式撇身捶、第十九式肘低看捶、第二十式左右野马分鬃、第二十一式玉
梭、第二十二式左云手、第二十三式右高探马、第二十四式右分脚、第二十五式左分脚、第二十六式左右打虎、第二十七式右蹬脚、第二十八式双峰贯耳
二十九式斜飞势、第三十式右迎面掌、第三十一式十字拍脚、第三十二式搂膝左栽捶、第三十三式左海底针、第三十四式右闪通背、第三十五式右云手、第三十六
高探马、第三十七式回身指裆捶、第三十八式左下势、第三十九式上步七星、第四十式退步跨虎、第四十一式左迎面掌、第四十二式转身摆莲、第四十三式弯弓
第四十四式退步搬拦捶、第四十五式收势。★ 吴式太极拳创于全佑。★ 第二代传人吴鉴泉、王茂斋、郭松亭、常远亭、夏公甫、齐阁臣等。★ 第三代传人
廷、王子英、赵铁庵、张继之、彭仁轩、修丕勋、王历生、李子固、刘光斗、郑和春、曹幼甫、陈子和、王步曾、董焕堂、易仲贤、张继之、李文杰、文朗清、吴季康、
仪、吴公藻、吴英华、马岳梁、吴耀宗、徐致一、赵铁庵、赵寿村、葛馨吾、王志群、吴图南、吴桐、金寿章、金云峰等。★ 第四代传人赵安祥、李砚之、李经梧、孙
王培生、赵任情、郑时敏、冯士英、张福有、王辉璞、马汉清、戴玉三、李秉慈、翁福麒、刘秀峰、陈云涛、李星峰、周学鳌、傅作义、楚溪春、赵君迈、叶浅予、戴
张云溪、曾维琪、白玉玺、刘晚苍、修良、修占、孙南馨、吴大揆、吴大齐、吴雁霞、马海龙、马江豹等。★ 第五代传人马长勋、王举兴、魏东振、刘德启、梁秀玲
伟、宗维洁、童红云、王晓燕、项国员、刘玉兰、冯益健、冯志明、李树峻、王大勇、谷平海、吕德和、王乃昭、王乃相、周世勤、高壮飞、关振军、张全亮、王凤锁
淑仪、陈湘陵、梁宝根、赵振生、刘亚非、徐徒翔、刘兴基、梅墨生、张旭初、马金龙、张耀忠、刘峻骧、张鸿诚、马文钊、吴光宇等。★ 吴式太极拳轻静柔化，紧凑
川字步型，斜中寓正。★ 第一式起势、第二式右揽雀尾、第三式左单鞭、第四式提手上势、第五式白鹤亮翅、第六式左右搂膝拗步、第七式手挥琵琶
式进步搬拦捶、第九式如封似闭、第十式十字手、第十一式左揽雀尾、第十二式右单鞭、第十三式右下势、第十四式金鸡独立、第十五式左右倒卷肱、第十六
海底针、第十七式左闪通背、第十八式撇身捶、第十九式肘低看捶、第二十式左右野马分鬃、第二十一式玉女穿梭、第二十二式左云手、第二十三式右高探马
二十四式右分脚、第二十五式左分脚、第二十六式左右打虎、第二十七式右蹬脚、第二十八式双峰贯耳、第二十九式斜飞势、第三十式右迎面掌、第三十一式

附录

附录一 刘伟《中华武术》杂志访谈

(一)太极拳的身法问题

练习太极拳首先是对自己身形的调整，要提顶松肩，立身中正。这种调整是在意念上进行的。

练拳前，在意念上，要对身形进行上下方向的调整，然后再从左右、前后上进行调整。用意念调整好身形，用拳论中的话，就是要有“立身中正安舒，八面支撑”的感觉，这时候的动作是属于静态的，但是，在意识上已经有意念动作的萌动了。然后，在意念的带动下进行套路演练，这时是动态的。

一般来讲，在静态情况下做到立身中正是比较容易的，关键是在练拳走架的动态情况下，如何使自己做到“立身中正安舒，八面支撑”的要求，这就要下功夫了。在动态时，一般有虚实的变化，并在虚实变化中还要体现出“立身中正”，这就比较难了。所以，我认为，练习太极拳要做到“立身中正”，最重要的是要掌握太极拳动作虚实的变化规律，在虚实变化中掌握身体的动态平衡。掌握虚实变化的一个重要因素就是要稳，只有身形稳定，才能立身中正。如何做到稳定呢？这就要求在动态中随时调整自己的重心，使身体保持平衡状态。没有这种平衡状态，身体就谈不到中正，也就没有“中正安舒，八面支撑”的感觉。

对吴式太极拳来说，其特点有“斜中寓正”的说法。什么叫“斜”？什么叫“正”？“斜”是从身体的后面看，“正”则是从前面看。“斜”是为了“正”服务的，“正”则是为了自身的平衡。拳论说“上下一条线，全凭左右转”，如果上下不是一条线，身体左右转动时就不能保持身体平衡。所以，“斜中寓正”看似“斜”，实际上也是“正”的。再有，这里所谓的“斜”是动态中的变化，不是静态的。比如“搂膝拗步”，这个动作完成的一瞬间手掌向前按，可能看起来身体是向前斜的，但是它有一个掌的旋拧动作。因为吴式太极拳讲究进退螺旋劲，所以向前时必定有一个旋拧的动作。向前旋拧，身体必然倾斜，这也就是为什么吴式太极拳要求“斜中寓正”。要理解这一点，首先要对“中”有一个正确的认识。“中正安舒”要求的是从身体的中线出发，把握住自身的中线，然后一切动作从这里出发，即便身姿有些倾斜，也要保持中线。

在“中正”方面，吴式太极拳表现得比较突出，其他流派的太极拳虽然表现的形式不同，但实际要求也是如此的。如果不是从自己的中线出发，那么内气和动作就合不起来，推手时既抵挡不住对方的劲力，也不能听出对方的劲力。如果没有自身的中正，劲力就出不来。所以“中正”是太极拳的基本要求，也是比较难做到的。

对于“含胸”的说法，目前人们也有不同的看法。我认为“含胸”是太极拳的一种用法，并不是练拳中的一种常态，也不是一种练法。所谓“含胸”是当对方的劲力过来时，我含胸引化，继而反击，这时自己的状态是含胸。但是在练拳时如果总是处于一种含胸状态，胸部就会受到挤压，这对身体健康是不利的。“含胸拔背”是一个蓄力的过程，是为了发放，因此，不能总是处于一种含胸的状态。练太极拳要求“裹肩敛臀，圆裆开胯”，这些要求也是为了立身中正，使身体产生一种整体劲。练拳时讲究“有意莫

带形”，即不能在外形上太过含胸，只要有含胸的意念就行了。“形不正，气不顺，理不通”。所以，练习太极拳首先要求形正。这种身形的中正，要在自然中求得，即“自然之中有规矩”。练习太极拳在身法上要力求自然，在自然而然中让身体符合太极拳的规矩。规矩不能用僵化的外形表现出来，要自然——这是太极拳练习的一个要求。

（二）“虚领顶劲”的意义和作用

“虚领顶劲”的一个意思是“顶头悬”，就是头顶微微地上领，也就是虚虚地领起来。如果不是虚领，那么就僵硬了。“虚领顶劲”还有另一个含义，就是练拳时梢节的劲力要领起来。吴式太极拳讲究柔化，要求劲力“根节起，中节随，梢节追”，要节节贯串。在劲力的运行中，“顶劲”为梢，“顶劲”为先，要虚虚地带领周身的劲力运行。另外，拳经上还讲：“虚领顶劲，气沉丹田。”这是告诉你，有上就有下，顶劲要“不偏不倚，忽隐忽现”。

如何才能做到“虚领顶劲”呢？在身法上要有一个对称点。头的对称点是两肩，形成一个三角。要把这个三角撑起来，就要两肩下沉（沉肩坠肘）、头向上领（虚领顶劲）。其中吴式太极拳还有一个关键的要领，即下颌微收。做到这几点，“顶劲”之意就已经有了。但是，不能过分地用意，如果过分用意，那就会出现竖项，而不是“虚领顶劲”。在联系时，如搂膝拗步动作，要处处体现“虚领顶劲”，只要你有向前的意识，梢节的顶劲就会带领肢体协调顺遂地运行。具体的做法是“虚领”，就是梢节要带领中节运行，这样就能够克服在运动中的惯性，做到节节贯串。

此外，对“虚领顶劲”的拳理要求，习练者可以单独、局部地去理解、体悟，也可以从整体上去把握其要求。如果没有“虚领顶劲”的要求，练拳就失去了圆活之趣。拳论说：“一举动，周身俱要轻灵，尤须贯串。”做到这一点，关键就是要“虚领顶劲”。但它不是仅仅靠动作的外形就能做到的，而是在于神、意、气的配合。

实际上，“虚领顶劲”的作用，一个是要把神、意领起来，否则，人的精神就萎靡了；还有，“虚领顶劲”也是做到“立身中正”的保障。

做到“虚领顶劲”，首先要注意力集中。起势时，先从头开始，想到头顶的百会穴，要节节贯串，节节梳理，正容正心，正气正意，自自然然，从上到下，用意念把自已从里到外梳理一番。练拳时，如果上边找不着顶点，下边就落不了根。上和下既是独立的，又是相互作用的。所以，我们既要注意“虚领顶劲”，又要注意“气沉丹田”。在练习拳架时，要做到“虚领顶劲”，首先要慢，不要过于用力，也就是“用意不用力”，让劲力在周身有一个合理的分布，即按时间、顺序和完成动作的起、承、转、合。在这个过程中，精神要高度集中，神要领起。神领起的作用是让气落下来、沉下来。这样，四肢的动作就能轻灵自如、周身顺畅；动作不盲动，没有失控的感觉，一是在意念的引导下运行。二是靠神意来领，使气血随着神意而运行。其运行过程就不会拘泥僵硬，而是行云流水。动作就会做到“不偏不倚”，既自然而然，又符合规矩；既符合规矩，又不失自然；既是局部，又是整体；既是外形，又是内意。这对人的精神状态、呼吸、神经系统等都会产生调节作用。

“虚领顶劲”的作用，可以通过面部表情反映出来。练拳时，面部表情自然、温和，其内意、内劲和内气，就能达到一个相对平衡的状态。如果练拳时，拧眉瞪目，咬牙切齿，那么，这样紧张的精神状态就远离了“虚领

顶劲”的要求，与拳理拳法都是相违背的。

“虚领顶劲”，一方面体现在精神上，另一方面是精神变物质，要体现在外形动作上。初学者，要把握规矩，按照规矩去做。太极拳强调“虚领顶劲”，其他拳术还没有这种要求。为什么太极拳要求“虚领顶劲”呢？主要是为了提起精神。由于太极拳动作缓慢，容易出现精神萎靡、涣散的情况，这样动作就易滞重、不灵活，会出现形拘、气滞、血瘀的现象；而做到了“虚领顶劲”，提起精神，就会使形正、气畅、血活。实际上，“虚领顶劲”是太极拳整体的要求。谈到局部时，一定要想到它的整体性，局部是为整体服务的。

另外，“虚领顶劲”，还能使习练者的情绪处于不温不火的状态，避免了那种剑拔弩张的现象。因为是虚虚地领起来，所以使人身心放松，轻松自如，宁静安合。

对“虚领顶劲”还有其他的一些解释，比如有人认为，“虚领顶劲”是在推手时要虚虚地顶着对方，要虚领这个顶劲，不是实领。虚，有包容的意思，能够吸纳对方。在练习推手听劲的时候，要如蜻蜓点水、虚虚领起。

当然，“虚领顶劲”也是一个人的神态再现。不仅仅练拳时要做到“虚领顶劲”，在平时生活中，也要做到“虚领顶劲”，这样才能显出挺拔安详庄严的神态，同时又没有那种霸气，不会给人那种以气势欺人的感觉。“虚领顶劲”还蕴涵一种气质和内意，起到一个综合锻炼的作用，经过长期练习太极拳的人，在内在的精神上气质上都显得豁达、大度和不争。因此，初学太极拳的人，要有意识地做到“虚领顶劲”，这会为你今后练拳打下一个很好的基础，有利于拳艺和人品修为的提高。

（三）武术的文化内涵

文化是一个形而上的概念，武术则是形而下的。

首先，武术是一种生活的状态，现在我们则把它看成是一种文化现象，但是，实际上武术是伴随着人类社会的生活而产生的，不是人臆想出来的，不是虚的东西。武术是一个很生活化的东西，不是藏在深山老林里的“山珍”，而是日常生活中的“大白菜”。

武术是人的动态活动的表现，最初是建立在生存的目的上的。人们从身体的本能反应，逐步整合规律化的技能，提炼升华到现在的这种运动表现形式。随着社会的发展，这种表现形式逐步渗透进文化的元素，也就形成了现在的武术文化。武术不能总是停留在形而下的状态，不能总是为了生存斗争而存在，随着社会的发展，它逐步有了其他的功能，比如娱乐、祭祀、健身等，这样就逐步成为形而上的文化现象，武术也就融进了传统的文化内容。武术成为一种文化现象后，就不断地向各个领域渗透，也在不断地适应社会各个方面的需要而发展变化。比如，武术和艺术结合，形成了京剧中的武戏、武打影片、武侠小说；武术和养生结合，形成了健身养生武术。就这样武术逐渐提炼出了本身固有的文化内涵。

过去，我们并没有把武术提到一个文化的高度，只是认为它与我们传统的文化，即道家思想、儒家文化、佛学，以及中医学有一些联系。其实，武术本身就有丰富的文化内涵。比如各个门派的武术，都有其独特的传承历史，这就是武术文化的内容之一。武术在传承中既有口头文化，即习练中师父的口授身传，又有各拳种文字记载的文化。还有佛家思想、道家思想，以及儒家思想渗透到武术中，形成了各种文字记载的拳论、歌诀、拳谱等，都极大丰富了武术的内容，使武术成为一种中国独具特色的传统文化现象。

★全佑★吴鉴泉、王茂斋、郭松亭、常远亭、夏公甫、齐格忱、英杰臣……★杨禹廷、王子英、赵铁庵、张继之、彭仁轩、修丕勋、王历
生、李子固、刘光斗、郑和春、曹幼甫、吴公仪、吴公藻、吴英华、马岳梁、吴耀宗、徐致一、赵铁庵、赵寿村、葛馨吾、王志群、吴图南、吴
桐、金寿章、金云峰……★赵安祥、李砚之、李经梧、孙枫秋、王培生、赵任情、郑时敏、冯士英、张福有、王辉璞、马汉清、戴玉三、李
秉慈、翁福麒、刘秀峰、陈云涛、李星峰、周学鳌、傅作义、楚溪春、赵君迈、叶浅予、戴爱莲、张云溪、曾维琪、白玉玺、刘晚苍、修良、
修占、孙南馨、吴大揆、吴大齐、吴雁霞、马海龙、马江豹……★马长勋、王举兴、魏东振、刘德启、梁秀珍、刘伟、宗维洁、童红云、

武术文化只是整个传统文化的一部分。西方也有武文化，也有它的传承历史，但是它们不称为武术。每个民族，都有文的一面，也有武的一面。在中国的传统文化中，如果没有武术文化，那么，这个文化就不完整。武术文化的存在，既丰富了中国传统文化的内容，也使得武术在中国传统文化这个大的背景下，更具生命力，更有发展的动力。

武术文化的功能，既有外向型的，就是强身健体和防身自卫。又有内向型，就是培养人的尚武精神，讲究武德育人。武术不是争狠斗勇，而是培养一种精神。这实际上已经升华了武术的原始功能，提高到了一个文化的层次。从这一点来看，中国人不一定人人都要会武术，但是每个人要有一种尚武的精神。为什么呢？因为武术是我们生活的一部分。练不练武术并不重要，关键是武术和我们的生活息息相关。练习武术，不但能使一个人的身体得到均衡全面的发展，更重要的是培养了一个人对客观环境的平和认知态度，而且能够让人静心思考，改造自身一些和社会不相容的东西。这一点，随着社会的发展，会越来越凸显出来。因此，“武术文化”可以反过来说是“文化武术”。过去讲“武戏文唱，文戏武来”，就是为了平衡发展，讲的是武和文相互的作用。

武术文化还有一个特点，即凝聚力。一个传承武术的人，在其周围总是有一些追随者，这就是一种凝聚力。这种凝聚力在其他的文化现象中也具有，但是没有在武术文化中表现得更具体、更直接。武术的凝聚力是跨行业的，不论你从事什么职业，只要爱好武术，都会凝聚到一起。

其次，武术文化总是和国家民族的兴衰密切相连的。比如20世纪初期，中华民族面临亡国灭种的危难，当时的国民政府就倡导尚武精神，兴办中央国术馆，希望通过武术强国强种，振奋民族精神。武术文化，上升到了保家卫国、强国强种的高度。

再次，武术文化也是个人修为的一个重要方式，学练中强调个人的修为，注重与他人和环境的和谐。在和平时期，武术文化主要以套路的形式存在，这就表现了它的和谐性。

武术能强健人的体魄，振奋人的精神，凝聚人的心智，规范人的行为。它反对争强斗狠，倡导见义勇为，使武术上升到了一种道德文化的层面。为什么太极拳深受各国人民的喜爱？因为太极拳不仅仅是太极文化的表现形式，而且蕴涵了深厚的中国传统文化的阴阳、平衡等哲理问题。练习太极拳，就是在悟道明理，通过不断地身体力行、不断地感悟明理，最后明白太极之道、人生之理。这种由术到道的修炼方式，也是一种特殊的文化现象，是武术文化所独有的。

总之，武术在中国是一个很平凡的东西，强调武术的文化，不能把武术搞得太虚。如果太虚了，就会出现很大的误区。看待武术文化，要认识到武术就是人们在生活过程中自然产生的对人体运动规律的理解、认识和感悟。对于武术的练习者来说，练习的过程是一种快乐，把武术文化进行传承，则是一种幸福。在修炼和传承中，每个武术人都会达到人生的自我圆满，也是人生的一种态度。

（四）如何理解太极拳的劲

对于劲，一般人理解为是一个动作。实际上它不仅仅是动作，更是一种劲力。练习拳架，我们都是先求开展，后求紧凑，这就是为了练习劲。劲是向外的、是饱满的，所以练拳要开展。为什么要强调劲法要求呢？因为拳架不是单一的向外的力量，而是一种对称的力，在向外用力的时候，必须有

一个向内的劲，也就是必须有一个相反方向的力。只有在平衡的基础上产生一个向外的力，才能把虚实、平衡等在拳架运行中很好地体现出来。

太极拳八法之一的“掤”，从字形上讲，是“扌”加一个“朋”字，字义上是一种向外膨胀的力量。实际练拳时中拳架动作是没有固定方向的，左右、上下、前后都要有劲，还有顺、逆等。拳论中所谓的“气宜鼓荡”，其实就是一种劲。鼓荡所产生的效果就是吴式太极拳所说的“站住中定，往开了打”。

太极拳比较强调劲，劲是先有外，后有内，是内力的外在表现。在练习拳架时，要处处体现，并做到“劲不丢”，或者“劲为先”。为什么要“劲为先”呢？如推手时，首先是相互间的接触，此接触是一种试探性的，劲就是一种试探性的劲力，会随着对方的变化而变化。那么是如何形成的呢？是通过长时间、规范、有序、放松地练习拳架，逐渐形成的张力，用现在的话语讲，就是一种向外的张力。不论是手上，还是其他部位，完全是一种饱满的感觉，没有凹凸、断续的地方，是一种张力，这种张力不是努气，也不是硬顶、僵滞，而是能够转换的，就像一个气囊，柔软中有弹性，能够缓冲外力、化解外力。推手时，和对方的接触点要不软不硬，恰到好处，这就是一种本体感觉。然后，再根据对方的变化，进行一些方向、高低、长短的调整，就会产生其他的如捋、挤、按等各种劲力。这些劲力在技法实施中都是非常重要的。太极拳不管练习到何种水平，劲力都不能丢。

在初学阶段，一般很难理解劲力的问题，只是从某一动作的架构上去理解，这个理解是很初级的。只有不断地熟练动作，细心体悟，才能更深入地体会领悟劲力的含义。它是一种自然饱满的状态，需要时间来磨炼；它是通过练习拳架，自然而然产生的关节、肌肉、韧带的一种弹性。初学时，要注意把外形动作的规范放在首位，在老师指导下通过长时间的练

习，加上自己的体会，就会感觉到劲力。太极拳的行拳走架和搭手听劲，无不体现出劲力。所以，有“劲为首”的说法。

还有“劲不丢”的说法，如果丢了劲，太极拳的其他劲力就无从谈起。要做到“劲不丢”，首先在动作外形上要饱满、撑圆，不能有凸凹处；其次，更重要的是在意念上，要用意识引导动作，动作方法要正确，这样才能体会到劲力。

如何练好劲呢？首先要注意对称平衡。劲实际是一种平衡劲。劲不是单一的，是同一时间向不同方向的张力。练拳时，强调动作有上就有下、有左就有右、有前就有后，也就是要有这种对拉拔长的意识，这就是劲。其次，太极拳讲“先求开展，后求紧凑”，劲就是在开展中求得的。练拳讲究不丢顶，这个顶，其实就是顶劲的含义。顶，不是靠局部力量，而是靠整体的力量。再次，在虚领顶劲的状态下，松腰松胯、开胯圆裆，也会产生劲。

另外，在推手中要注意劲的运用。练习太极拳，行拳走架是知己的功夫，推手听劲是知彼的功夫。在行拳走架时要多做一些功课，把周身练得得心应手、圆满自如，对自身的控制很有把握，这样，在推手时才有可能“听”到对方劲力的大小和变化，才能感觉出劲来。

在推手中，如动作僵硬、不协调，就会造成顶抗的弊病。顶抗的劲是比较单一的，方向性很直接难变化；而太极劲是饱满的，多角度的，富于变化的。顶抗劲是紧张的，不能转换的；太极劲是很包容的，看起来是一个向外的劲力，实际是周身的整体劲，不是局部性的。没有修炼到一定程度，是很难体会到劲和顶抗之间的区别的。随着修炼，推手中的顶抗现象会逐渐消失，会渐渐地体会到劲力并懂得运用。劲的修炼需要长期的体会，要放松着练拳。当外力来时，一般人是很容易本能地紧张，首先想的是顶住，这样就不可避免地产生紧张僵硬。有些人练了许多年仍然会紧张，仍然会

★全佑 ★吴鉴泉、王茂斋、郭松亭、常远亭、夏公甫、齐格忱、英杰臣……★杨禹廷、王子英、赵铁庵、张继之、彭仁轩、修丕勋、王历生、李子固、刘光斗、郑和春、曹幼甫、吴公仪、吴公藻、吴英华、马岳梁、吴耀宗、徐致一、赵铁庵、赵寿村、葛馨吾、王志群、吴图南、吴桐、金寿章、金云峰……★赵安祥、李砚之、李经梧、孙枫秋、王培生、赵任情、郑时敏、冯士英、张福有、王辉璞、马汉清、戴玉三、李秉慈、翁福麒、刘秀峰、陈云涛、李星峰、周学鳌、傅作义、楚溪春、赵君迈、叶浅予、戴爱莲、张云溪、曾维琪、白玉玺、刘晚苍、修良、修占、孙南馨、吴大揆、吴大齐、吴雁霞、马海龙、马江豹……★马长勋、王举兴、魏东振、刘德启、梁秀珍、刘伟、宗维洁、童红云、

顶抗，这就说明你身上的反应和控制能力需要加强，你还没有形成“动急则急应，动缓则缓随”的条件反射。

总之，一个圆弧形的、多角度的劲力，是通过自身的饱满，不给对方凹凸和断续的地方，对方按到你的每一处，都让其感到是一个不断变化的点，而不是死的点。还体现在步法上——圆裆开胯。不仅是手上的，还有身体各个部位的。也不仅仅是外形动作，还是意识精神上的饱满。练习太极拳，不管是哪一式哪一招，都要在精神意识上放松，要细心体会动作内在的劲力。只要达到了一定的程度，自然就会体悟到内在的饱满的劲。

（五）太极拳“捋”和“采”的区别

捋和采都是太极拳的基本技法，二者有很多不同之处，捋是带和引的动作，采则有抓拿的意味。在劲力的方向上，采和捋是不一样的，捋是前后方向的引带，采则是上下方向的抓拿；在劲法运用上，捋和采也不一样，捋是柔和、柔化的劲力，力的作用时间比较长，但采劲和肘、靠等技法一样，都是比较活泼的，劲力比较猛烈、短促，采劲是一种很小巧的劲力，要像蜻蜓点水一样。

拳论中有“捋在掌中”的说法，这说明捋不是简单的向下、向后的拽或拉，而是在引带中有手型、方向、劲力的变化。在做捋的动作中，劲力的虚实变化都在手掌的掌握之中，所以叫“捋在掌中”。捋的目的是为了引化对方的来力，做到“引进落空合即出”，因此，捋要往空处捋，不是往自己身上捋，而且捋的时候手上的虚实变化是自己能够控制的，随时要根据对方的变化而变化，为捋后变挤创造便利的条件。

拳论还有“采在十指”的说法，这说明采是一个很活泼的劲力，力点在十指上。采是一个提带（或者是抓拿）的动作，其劲力是先向下沉，然后突然向上提，就像采摘树叶一样，先略下压，随即突然上提，力点集中在十指上，这样才能把树叶摘下（或者先向上略提，然后突然向下采摘）。做采的动作时，如果力点不在手指上，就发不出这种突然的采拿劲力。另外，在做采的动作时，必须让对方产生一个反向的支撑力，然后顺势采拿，将对方提起（或下仆）。采劲应该是两个劲力，先有一个引劲，然后顺势而采。

在太极拳八法中，八法是互为转换的，没有单独使用的。比如，没有前面的掤劲，就没有后面的捋劲。八法的熟练应用，需要长期练习，才能达到自然互变、相辅相成、相得益彰的程度。在运用时，要根据对方的反应，得机得势，顺势而为，应物自然。这是太极拳比较高级的状态。

练习捋劲和采劲，要多在腰腿上下功夫，不是只在手法上追求。如果腰不灵活、腿松不下来，那么太极拳八法就只是手上的动作，没有什么劲力，更谈不上威力。所以，八法的练习，不仅仅是手法动作，更重要的是在腰腿上求之。在练习太极拳套路动作时，可以多练习揽雀尾这个式子，它包含了捋、挤、按，也暗含着采、肘、靠。当然，也可以练习单个的捋、采动作，对熟练掌握这两个劲力是有帮助的。太极拳的各门各派都有自己独特的训练方法，每个人也可以根据自己的体悟创造一些适合自己的练习方法，根据自己的能力和条件，体会太极拳的技法劲力。

吴式太极拳练习捋的方法比较独特，就是向后捋时，后腿要尽力后坐、坐实，前腿脚尖要扬起来，目的是要虚实分明，大虚大实；在转腰运化时，尽量把角度转得大一些，这样不仅能够锻炼身法，而且在应用时也能在身法上做到游刃有余。

★全佑★吴鉴泉、王茂斋、郭松亭、常远亭、夏公甫、齐格忱、英杰臣……★杨禹廷、王子英、赵铁庵、张继之、彭仁轩、修丕勋、王历
生、李子固、刘光斗、郑和春、曹幼甫、吴公仪、吴公藻、吴英华、马岳梁、吴耀宗、徐致一、赵铁庵、赵寿村、葛馨吾、王志群、吴图南、吴
桐、金寿章、金云峰……★赵安祥、李砚之、李经梧、孙枫秋、王培生、赵任情、郑时敏、冯士英、张福有、王辉璞、马汉清、戴玉三、李
秉慈、翁福麒、刘秀峰、陈云涛、李星峰、周学鳌、傅作义、楚溪春、赵君迈、叶浅予、戴爱莲、张云溪、曾维琪、白玉玺、刘晚苍、修良、
修占、孙南馨、吴大揆、吴大齐、吴雁霞、马海龙、马江豹……★马长勋、王举兴、魏东振、刘德启、梁秀珍、刘伟、宗维洁、童红云、

现在，人们练习太极拳推手有一个误区，就是只放不化，即练习发力很多，不注重练习化劲。其实，这种练习方法是很难真正得到太极拳真谛的。太极拳和其他拳术技法的区别，就是在柔化上。太极拳特别重视柔化，它强调的是以逸待劳、以柔克刚、刚柔相济、虚实分明。因此在练习时，要少一些浮躁之气，多一些舍己从人，这样才能体会出太极拳独特的内涵。

（六）如何理解太极拳的“折叠转换”

“折叠”和“转换”从字面的意义上来看，折，是对折，也就是运行到一定的程度就要转换方向、向回的运动。叠，是附加、叠摞在一起的意思。折是平面的，叠是立体的。所以，折叠也就是一种立体螺旋运行。转换，就是变化。

古人的拳论都是他们对练拳实践的总结，言简意赅。我们理解拳论时，也要和实践相结合。“折叠”在练拳的实践中，表现的是一个个圆弧，不是局部的圆，而是一个整体的圆。练拳时，要求把这个圆做得饱满圆润。比如，一个拳势手臂运行到终点，自然要变换方向，这就需要一个折叠。这个折叠不是局部的，不仅仅是手法动作的折叠，而且包括了手、眼、身法、步的折叠。当然，有的太极拳流派把这种折叠表现得比较明显，比如陈式太极拳，能够直接让人感到这种折叠转换，这是因为其中有擒拿手法。太极拳的动作往往是一正一反、一去一回，但是这种正反、去回不是直线运动，而是呈弧线形有旋转的变化，这就是折叠。

“转换”，就是变化，就是动作虚实、劲力刚柔和意念等的变化。为什么要转换呢？没有转换，就没有运化，也就没有事物的延续发展。比如，呼

吸也是一种转换，不能总是呼气，没有吸气；也不能总是吸气，没有呼气。只有呼和吸不断地转换，生命才能延续。太极拳动作的连绵不断、行云流水，就是通过不断地左右转换、上下变化、前进后退、虚实转换来实现的。

所以，折叠和转换对太极拳来说，是非常重要的。没有折叠转换，也就没有太极拳。

对折叠转换的认识，初学者可能不会有什么体会，因为此时还处于掌握动作的阶段，还没有能力体会意念和动作外形上的折叠转换。只有动作熟练了，才能体会出太极拳的劲力，才能自然而然地体会到折叠转换的方法与劲力。练习太极拳，有动作的折叠转换，还有劲力的折叠转换，更有意念的、呼吸的折叠转换。其实，每个人在练太极拳时，都有这种折叠转换，只是每个人的认识程度和表现能力不同。折叠转换是太极拳的一个基本要求，也是练习到一定程度后的自然体现，如果方法得当，这种对劲力、动作的折叠转换会自然表现出来。

其实，折叠转换也是人体运动的自然规律。一曲一伸、一开一合，这些都是折叠转换的表现形式，人体的运动都是离不开这些的。这是从广义上来认识折叠转换。在练拳时，要特别细心体会动作和意念的配合、体会动作与动作之间的衔接，也就能体会到折叠转换。

吴式太极拳比较细腻、松静，讲究柔化。练习时要重视自身的转换，比如呼吸的转换；折叠上要注意一往一返。吴式太极拳的劲力是连绵不断的，它的折叠转换基本上不体现在外部、基本上已把它内化了，而是体现在动作的自然流畅上。如果折叠转换掌握的尺度不合适，就可能在动作上出现凹凸、断续的地方。另外，因吴式太极拳不仅讲究柔化，不是以动作幅度的大小见长，也不是以发劲和拿法见长，其重视的是听劲，因此在折叠转换上非常细腻、柔和，动作幅度非常小；而且也非常讲究蓄劲、听劲，在细

微之处进行转换，动作幅度不大，于细微处见精神，在双方搭手时能够从细微处感觉出对方的意图，然后从内意上进行转换，也就是内在的调整。

（七）再谈太极拳推手

笔者认为，太极推手出现顶牛、搂抱、摔跤等，是太极推手发展过程中的一种现象。

人们普遍认为太极拳很神奇，能够“四两拨千斤”。其实，所谓的“四两拨千斤”只是个形容。太极拳以柔克刚、四两拨千斤的技术，就是一种使用技术、技巧战胜对手的方法。在技击实战中，能够做到四两拨千斤，需要的是时机、经验等综合因素的恰当运用。用现代科学来理解，就是你自身要具备全方位的素质，同时还要能够预判，在搏击中才有可能出现四两拨千斤的效果。当然，这个效果也不可能百分之百地出现。

太极拳推手的顶牛现象，更多的是在竞赛中出现。竞赛中的太极拳推手与我们平时练习的太极拳推手，在定义上就不是一项内容。传统的太极拳推手，是一种练习听劲的方法，不是竞技对抗的手段，或者说不是按照在规则确定范围内的竞赛手段。只不过我们现在是想把推手转化成一种对抗项目，希望它能成为一种体现太极拳技术特点的对抗项目。由于推手只是太极拳训练的手段和方法，不是竞技的方法，所以在竞赛中出现顶牛，就是很正常的现象了。当然，这也是个过程。练习推手的运动员，从开始的不熟练，到后来的熟练，随着技术水平的提高，我想这种顶牛现象会越来越少。

在推手中为什么会出现顶牛呢？这是由于现在对推手的认识与以前

的认识有很大区别。过去认为推手是一种训练手段，现在则认为是一种竞技方法。在竞赛中出现顶牛现象，从自身角度来讲，是因为害怕，怕对方进来，把自己推出去。理论上讲，要“粘黏连随不丢顶”和“从人则活，由己则滞”。道理是这样，但在实际比赛中却没有这样的运化能力。如何训练出这样的能力？还是得练功盘架子。功夫没有练到高深地步，就想以柔克刚、引进落空、四两拨千斤，是不可能得心应手的，即使有一两次能够得手，也是偶然的。

另外，我们看到老师在给学生讲解时，做出一些漂亮的发放动作，往往就会使其产生误解，认为太极拳无所不能。其实，这只是师徒间的讲手、喂手，不是真正的对抗实战。到了竞技场上，大家互不相识，这时的对抗，不是丢就是顶，这既是身体的本能反应，是身体素质、协调能力、平衡能力的体现，也是心理状态的反映，这是很自然的。出现这些弊病，一是练习不得法，二是训练的时间不够，三是积累的经验不足。熟悉的师兄弟之间练习，你能随曲就伸，柔化刚发，但是遇到陌生的对手，你还能不能做到“动急则急应，动缓则缓随”？这就需要综合功力的体现。现代体育运动中的对抗项目，要求具备多方面的能力，至少要有良好的运动能力、灵敏的神经系统反应能力、良好的心肺功能、良好的心理素质等，是一个综合能力的体现。现在练习太极拳的人很多，但并不是所有的人都能达到引进落空、以巧胜拙的水平，达到更高境界的人就更少了。

还有，现在的推手，这个“推”字就给人以误解，认为就是推倒对方，把对方推出去。这样能不顶吗？笔者认为产生顶牛现象的原因，第一是传承上的问题，即老师的水平够不够；第二老师是否真想教你；第三学习的人是否用功学练，是否有悟性。一旦练习者经过长期的磨炼达到了四两拨千斤的程度，其形态和气质也会发生变化。我们在学习的过程中，总是希

望能够速成，希望得到绝招，但是没有修炼到那个深度，是达不到那种四两拨千斤的境界的。

总之，推手中的顶抗现象，主要是由于功夫没有练到家，也就是练习拳架的功夫没有到家。人们练习太极拳套路，有的是为了练功，提高功力，有的则是为了表演。如果只是为了表演，那么永远也不可能提高太极拳功夫，一搭手就会顶。我常在比赛中看到，许多太极拳运动员拳架练习得不对，没有沉下去，运劲的方式和顺序也不对，这样的拳架训练是练不出太极拳功夫的，也不可能成为太极推手的高手。

在当今的一些推手比赛中，引进落空的技法运用也很少，基本是摔跤的劲力，就是手脚并用的技术。如果仅仅凭手控制对方，让对方失重，这是很难做到的。还有一些运动员使用了靠的动作，这实际是一种撞击性的技法。这些技法内容，规则是否允许？如果允许，对抗就会很激烈的。所以，我们对太极推手的性质也要有个全面的认识。竞技推手，跟传统的练习性的推手、摸劲是不一样的，跟娱乐性推手也不一样。竞技推手，就是在一定的规则范围内，两个人运用太极拳的一些技法较量，看看有没有太极拳的特点和技法，看看套路练习是不是有这样的效果，也就是具备不具备太极拳的功夫。笔者认为现在的套路练习与推手竞赛关系不大。

学习太极拳，如果想从中学习一些对抗性的防身技术，拳架练习是很重要的。我说的拳架并不是练习整套拳架，而是练习单个式子。太极拳各流派，都有自己练功的拳架，从其套路中找出5到8个式子反复练习，从各个角度、高度去练习，每个式子练千万遍，形成很好的技术定型，再用这些式子反复地模拟实战练习，就能提高技击实战功夫。比如搂膝拗步、野马分鬃、倒卷肱、揽雀尾等，都要反复练习，形成正确的动力定型，然后你再进行对抗性的练习，这时就能体会到太极拳的劲力和拙力的不同。比如顶，外表

动作一样，但是内涵不一样。顶是没有办法了，转化不了了，只能顶住。要想练出太极劲，必要有内撑外的劲，内撑需要你反复地练习拳架才能获得，需要进行专门的有针对性的技法训练和一般的身体素质的训练。

最后，我要说的是不要把太极推手神秘化、玄学化，要脚踏实地，刻苦练习；也不要把太极拳理想化，认为它无所不能，战无不胜。太极推手走上竞技场，就需要科学化的训练，所谓的“四两拨千斤”只是一种形容比喻，不是一个完全量化性的东西。不仅仅是太极拳有四两拨千斤，其他拳种也有，甚至生活中也有这种智慧和技巧。在推手中想要做到“不丢不顶，中正安舒”，还是要在拳架上下功夫，并在平时的生活中多修炼自己的品德、性情。没有贪欲，就不会出现差错和误判，生活中如此，推手竞技中也是如此。

（八）如何做好太极拳的阴阳转换

阴阳是一个文化、哲学的概念。很多事物都有正反两个方面，也就是矛盾的两个方面，这就是阴阳。在太极拳的练习上，阴阳的概念就体现在进退、刚柔、快慢、虚实、开合等方面。

王宗岳的《太极拳论》说：“太极者，无极而生，动静之机，阴阳之母也。”就是说，太极是从无极而来的，所谓的“动静之机”，就是说一动就要分虚实，不论是走直线，还是走弧线，都要分虚实；在动作上要分开与合、动和静。虽然动作分虚实，但是我们往往更注重“虚”，也就是注重“轻”，不注重“重”。其实没有“重”，“轻”是出不来的，只有做到“实”和“重”，“虚”和“轻”才会自然而然地出来。太极拳运动要符合身体的结

构，要掌握结构上的平衡，也就是对立统一，这也就是阴阳平衡，比如“前进之中必有后撑”等要求就是这种平衡的体现。

太极拳中的阴阳，首先体现的是虚实的变化，这种阴阳虚实的转换，要围绕着一个点来进行，这个点就是“中”，也就是身体的中线。传统文化中有“中庸”“中和”“守中”等这样的名词，其实，阴阳、虚实转换的目的就是为了这个“中”，守住了这个中，也就能保持“中正安舒”的状态，也就能把握身体的平衡。所以，阴阳、虚实的转换都是围绕着这个“中”来进行的。《太极拳论》说：“每见数年纯功不能运化者，双重之病未悟尔。欲避此病，须知阴阳。阴不离阳，阳不离阴，阴阳相济方为懂劲。”这里所谓的“双重”，就是不分阴阳、不知虚实。造成这种状态的原因，一是练习时，动作上的阴阳、虚实转换没有做好，不懂阴阳、虚实的转换；二是还没有练习到一定的水平，却想要体现出太极拳以柔克刚、柔化刚发的技艺，是不现实的。

所谓的虚实，“一处自有一处的虚实，处处总此一虚实”，太极拳的转换就是虚实的转换。我自己的体会是，做好虚实的转换，首先要使动作慢下来、松下来、静下来。太极拳虚实的转换，是一个体察、体认的过程，慢下来、静下来、松下来，才能体认到虚实的变化。另外，这种体认是细腻的，要细致地体会阴阳、虚实的变化，体会身上的劲力变化和感受，要用意念来体认，用意练拳，要在动作中把意念完全地贯注进去。这里还包括节奏，也就是转换的问题。要在阴阳、虚实的转换上静下心来，平心静气，慢慢体认。

所谓的“双重之病未悟”，完全是自身的原因，不是别的原因，主要是对阴阳、虚实的转换没有真正地认识、理解和掌握，不能完全控制好自己的平衡。这需要长时间的体认练习，默识揣摩，认真体悟才能有所感悟，也需要名师口传身授，它不是一蹴而就，转眼就能达到的。太极拳门派很多，

各有所长，各有特点，但理是一贯的，都要求明阴阳、懂虚实。

对于阴阳、虚实的认识，要循序渐进，逐步体认。太极拳练习中，有很多意念上的问题，在初学阶段可以不予考虑，但要多注意动作的标准，要循规蹈矩地练习拳式套路。

练拳中除了注意虚实阴阳的问题，还要注意练拳之外的处世问题，就是为人处事不要自高自大，要多看别人的长处。只有这样看问题，学习太极拳才能认识到事物的两面性，也就是懂得了阴阳虚实，练拳悟得是道理，如果只是练拳脚功夫，那么太极拳练习的作用就大打折扣了。

在练习太极拳时，如何感受阴阳、虚实的变化呢？我们首先感受到的肯定是“实”，比如重心右移，右腿感觉重了，左腿虚了、轻了，这时左腿才能抬起来。太极拳的虚实变化是在松柔中表现出来的，要靠自己在松柔中去体悟，要体会劲力虚实的转换到了哪里、松到了哪里，只要体会到了这一点，就能掌握虚实阴阳的变化了，就能自然分清虚实了，也就能做到“立身中正”“左重则左虚，右重则右杳”。这时，你的身体一边重了，另一边自然就虚了、轻了。这种转换，一定要特别留心体验。这是太极拳练功的重点。

另外，还有太极拳开合的体认。开合是指动作幅度的大小，它与呼吸相关。呼吸与动作开合顺遂了，就不会出现顶抗、僵硬的现象；不顺遂了，就产生了顶抗、僵硬的状况。此外呼吸不顺畅，劲力也会僵劲。拳论说：“气以直养而无害。”所谓“直养”，就是要顺畅、自然。如果动作虚实都没有做好，呼吸自然会不畅，动作也就会僵硬。

还有太极拳刚柔的变化，也是阴阳变化的一个方面。所谓“柔行气，刚落点”，讲的就是刚柔的变化，在太极拳运动中主要体现在落点上。吴式太极拳基本不发明劲，而是发暗劲。为此，要做好刚柔变化，主要还是要松下来。松不下来，做出的刚劲也是假的。“刚落点”，就是在劲力的落

点上出现刚劲后，马上就松下来，这种刚劲是一种带有弹性的劲力。

总之，要做好太极拳虚实、阴阳的转换，首先要掌握太极拳的规矩标准，要做到动作规范，然后才能谈劲力等虚实刚柔的变化。太极拳要慢慢地练养，循序渐进，循规蹈矩，从松柔入手，积柔成刚，最后达到刚柔相济，阴阳合一。

（九）如何理解太极拳的“走”和“粘”

古典拳论都是老前辈们的实践经验的总结，我们要认真学习，注重体悟。“人刚我柔谓之走，我顺人背谓之粘”不是讲述个人的套路练习，而是讲双方练习推手时的一种感受。这句话的意思是：对方的劲力来了，比较刚猛，我就柔化走之，然后变被动为主动，反过来控制对方。也就是在一定条件下，是对对方进攻的应对方法，是一种阴阳虚实的转换。如果没有这个转换，双方都用刚猛的劲力对抗，那么就不会走化了，也就不是太极拳了。

“走”，是走化、走转的意思，是一种对刚猛劲力的应对方法，它是用走的方法，把对方的刚劲卸掉，也就是把来力的大小、方向等转化掉，使其落空。“走”，是防御性的技术，它不是跑、不是丢。“走”，与“我顺人背谓之粘”是有关系的，体现了双方条件的转换、形势的变化，通过走化，变被动为主动，对方则由主动变为被动。在转化过来后，就可用“粘”的方法控制对方。其实用“粘”这个字，表示自己并不是用刚猛的发力将对方击出，而是在“听”对方的劲力，在控制对方的劲力。“粘”有不离不即、不紧不慢、蓄而待发之意。有时本来是可以发劲的，但是不发，这表现了我方处

于主动地位，并能掌控对方一举一动的从容状态，这也是太极拳技法、心法的一个特色。有些拳种讲究得机得势时，一定要反击对方，太极拳则不是这样的，而是提倡在得机得势时的一种控制，讲究得理让人。

“粘”也是在刻刻留意对方的变化，时时体察对方的虚实。因为在实战搏击中情况是非常复杂的，有时虽然我方是“我顺人背”的优势状态，但是对方真的是背势了吗？也许只是一个假象。如果得理不让人，贸然反击，也有可能落入对方的圈套，转胜为败。

太极拳通过“人刚我柔，我顺人背”这种练习方法，让人们明白一个道理，即顺逆、阴阳的转换。做人也是这个道理，要以柔克刚。“人刚我柔，我顺人背”讲的也是一个“中和”——遇到困难，处于背势的时候，要柔化、转化，变被动为主动。在工作生活中，有时遇到问题，直接对抗不能解决，又不能逃避，那就换个角度，走曲线来解决问题。“人刚我柔谓之走”就是这个道理。

在实际练习中，要做到“人刚我柔谓之走，我顺人背谓之粘”，就要在“松”上下功夫。但是，松不是孤立的，不能单纯强调。如果总是意念上想着如何放松，却没有实践的检验，没有下功夫练习，那么只能是空谈，做不到真正意义上的放松。所以，想要松下来要多练习和领悟，还要多与人交流，多向别人学习。通过长久的练习，让身体养成一种自然的良性反应，遇到来力，自然而然地会人刚我柔的走化，形成我顺人背的势态。要做到这一点，前提是先要把握好自己，做到松柔。如果推手时，感到对方很硬，不要埋怨对方，其实是你自己没有松下来。你若真松下来了，那么对方就站不住了，你就感觉不到对方的刚硬。因此，做到“人刚我柔”的走化，其关键还是靠自己能够调节平衡、能够放松，就能够走化对方，不受制于人。所以拳论说：“每见数年纯功不能运化者，率皆自为人制，双重之病未悟尔。”

这就是说，运化不开，都是自己的原因。

当然，在我顺人背、得机得势的情况下，太极拳也要“引进落空合即出”。这种“合即出”是自然而然的发放，是顺势而为。现在，有些人练拳时，把劲力的发放做得完全表象化，好像要特别体现出太极拳刚柔相济的特点。实际上，太极拳的刚柔是一体的，是刚柔相济的，柔做得好，自然就能体现出刚来。如果刻意为了表现刚劲而发力，那就不对了。这样，意念断了，动作僵了，呼吸也急促了，这不符合太极拳拳理，也没能做到拳论要求的“完整一气”。

“人刚我柔谓之走”其实也是引进，使对方落空，然后“合即出”。自己要合住劲才能发放，“合即出”要自然而然，顺势而为。“我顺人背谓之粘”实际上还没有达到“合即出”的程度，只是双方在一来一往、互相顺逆转换中的一个过程，还没有到得机得势把对方发放出去的阶段。“走”与“粘”实际是两人推手练习中一来一往、顺逆转换、虚实阴阳变化的一个过程，如果真出现了“引进落空”的情况，才会出现“合即出”的结果。

太极拳练习的关键还是要多实践。在单独练习套路时能够做到行云流水、中正安舒，那么在与别人推手时，就能做到粘黏连随、不丢不顶。推手是两人之间的顺与背、攻与防的转换，推手的基础是拳架。推手中出现了问题，那是拳架没有练好的结果。拳架与推手是体和用的关系，两者互相关联。手脚的位置、重心的转换、意识和劲力等的变化，如果在套路中没有练好，那么在推手时自然不会做到走化与粘随。所以，要练习太极拳推手，一定要先盘好架子。太极拳的特色就是“四两拨千斤”的柔化刚发，但也不能夸大这种特色，把太极拳看成是无所不能的武术。只有在太极拳训练中熟练掌握了走化与粘随，才有可能获得引进落空合即出和四两拨千斤的技击效果。

总之，太极拳练习首要的是放松，松不下来，这些走化、粘随等技艺你是体悟不到的。这种走化、粘随的功夫是在松的基础上进行的，但要做到松，先要静下来，意念要专注，要“心静、意专、体松”，这样才能对太极拳推手的技法有所感悟。拳论说：“由招熟而渐悟懂劲，由懂劲而阶及神明。”就是先要做到动作招法的熟练，然后才能谈得上懂劲。在招不熟的情况下，难免会出现丢扁顶抗等现象。

练习太极拳时，不管对方的劲力刚也好、柔也好，力大也好、力小也好，速度快也好、慢也好，都是客观存在，是不受自己掌控的，你只要把握好自己，顺应对方，做到人刚我柔，形成我顺人背，那么就会处于不败之地。

李经梧老师曾经说过“发自于内，形自于外。自然，才能应物自然”。所以，太极拳的劲力要做到发自于内，自然而然，这样才能达到应物自然。

（十）太极拳身法、步法的特点及与长拳的不同

天下武术是一家，中国武术有一百多个拳种，每个拳种都有自己的特点，长拳有长拳的特点，太极拳有太极拳的特点。

总体来说，武术有两种形式：一种是刚性的，一种是柔性的。长拳是刚性武术的代表，太极拳则是柔性武术的代表。刚性和柔性表现在哪些方面呢？主要表现在演练的过程中。现代武术的比赛、表演，都有其独特的练习方法，是武术的表现形式之一。这些演练的方法各有特点，作用不同，直接影响到拳种的身形、步法。比如，长拳中的弓步冲拳，在太极拳中是搂膝拗步，只不过拳变成了掌。虽然它们都是弓步步型，但是在练习方法上是有区别的。长拳的弓步要求前腿弓，后腿蹬，拧腰发力，胸腰挺直，

劲力顺达。太极拳则不是这样要求的，它强调的是步型、步法的转换，步型、身形上要曲蓄有余，劲力要松沉。

一般来讲，太极拳的步型分为顺步和拗步，野马分鬃属于顺步，搂膝拗步、玉女穿梭属于拗步。孙式太极拳有自己独特的步法，它是结合了形意拳和八卦掌的步法，讲究进步必跟，退步必撤。武术中的步型，就是结构；步法就是变化；身形，是一种动力定型；身法，是一种转换。在这些方面，太极拳和长拳都是有区别的。但是尽管有区别，长拳中的弓步、马步、虚步、仆步、歇步等，在太极拳中也都有，只是要求与练法不同。

太极拳练习，首先强调的是松，松是锻炼以后的效果和作用的基础。没有松，太极拳的特点就不能很好地表现出来。太极拳有自己独特的练习和体用方法，要求动作运行节节贯串，即表现在梢节起，中节随，根节追。它是一种匀速的练习方法，与刚性的长拳练习方法不同。比如，吴式太极拳的弓步，是由虚步转化形成，或者是由半马步转化而成的。这种步型的转换是有自己独特的要求，即吴式太极拳的步型转换要求“以实送虚”，也就是说，在做左弓步时，要先做一个右虚步，然后出左腿，左脚脚跟着地，渐渐地过渡到全脚掌着地，最后形成左弓步。从这里我们可以看出，太极拳步型的形成是一个渐进的过程，不是直接就形成的。长拳弓步的形成则是直接蹬后腿，把作用力直接发送到力点。太极拳不是这样，而是“以实送虚”，有一个渐渐形成的过程。

再有，太极拳的虚步变弓步时，前脚先是脚跟着地，然后脚掌着地，脚掌着地时，后腿要稍微弯曲，这也是太极拳步型变化的特点之一，整个腰、裆通过后腿的松沉，走一个下弧线。而长拳的步型形成不是这样，其产生的作用也是不一样的。

因太极拳的练习要求放松，所以其动作都是渐进的、是慢慢地形成每

一个定势动作，动作过程表现得很精细。这种练习方式，体会和感受的是运动过程中身体的变化。长拳则不是体会其运行过程，而是表现运动的作用结果，直接作用到力点上。当然，长拳也讲究“滚入滚出”的劲力，但是它是瞬间完成的，而太极拳是逐渐完成的。在思想意识方面，太极拳和长拳也是完全不同的。

长拳和太极拳的训练手段和方法是完全不同的，所以说把长拳速度练慢了也不可能成为太极拳。

那么，是不是练习长拳的人就不能练习太极拳了？是不是长拳的练习方法和太极拳是完全不能相融的？作者认为不能这么绝对地认识问题。

太极拳不太适合青少年儿童练习，因为它是柔性的运动，动作慢、静力性动作比较多，不如长拳机灵、矫健、敏捷、更活泼。所以，青少年儿童比较适合练习长拳，也符合其心理和生理特点。青少年儿童应该在练习武术基本功、长拳的基础上，再根据身体发育情况、智力情况、理解能力等，选择太极拳的练习，这样容易获得更好的效果。有人认为练习太极拳要从娃娃做起，这会产生一些误导。年龄太小就学习太极拳，只能是对外形动作的照猫画虎，很难理解太极拳深刻的内涵。所以，学习太极拳最好要稍年长一些，有一定人生阅历，练习中还要注意循序渐进，量力而行。

总之，长拳和太极拳各有特点，没有优劣之分。太极拳讲究放松，而练好长拳也是需要放松的，没有一个放松的状态，是不可能在瞬间协调地完成各种动作的。太极拳也不是纯柔软，而是柔中带刚，在柔行气、刚落点方面，也要借鉴长拳的表现力。太极拳与长拳，既有不同，又有相同的地方，这样才能互相借鉴。

附录二　刘伟答《中华武术》杂志读者问

☆ 四川江油读者来信：关于吴式太极拳竞赛套路（四十五式），有以下几个问题希望能得到名家老师解答。

1.第六式“左右搂膝拗步”，弓步前推是虎口朝上，还是手指向上？

2.第十式“十字手”，如封似闭做完后，“两手下按于体前……右脚掌向右踾转”。右脚掌向右踾转，是否可以理解为以脚跟为轴，右脚掌外摆，左脚掌内扣？

3.第四十五式“收势”，书上写道：“以两脚跟为轴，左右分别内收、外摆。”可否理解为右脚掌外摆，左脚掌内扣？

★ **刘伟答：**1.做“左右搂膝拗步”弓步前推时，是手指尖引领手掌旋转向前，不是手掌直接前推，到了定势时，手掌的形状是拇指和鼻尖相对，这样虎口就自然朝上了。

2.“十字手”下肢脚的动作是，以脚掌为轴，内收脚跟。左脚收到位后，脚尖的方向是向前的，也就是“起势”动作脚尖的方向。

3.“收势”动作也是以脚掌为轴，左脚跟外展，没有外摆的动作。

练习太极拳，两脚的动作要自然、顺遂，要把握好重心，这样才能下肢稳健、上肢轻灵，也不会造成膝关节的损伤。太极拳爱好者在练习时，要反复体会动作要领。

☆ 北京读者来信：我准备参加贵刊举办的太极拳名家讲堂吴式太极拳班的学习，请问刘伟老师，吴式太极拳规定套路它的特点是什么？如何练好这个套路？

★ **刘伟答：**我讲授的是吴式太极拳规定套路，也就是四十五式。这个套路是以北京传授的吴式太极拳传统套路为基本框架，吸收了上海南方吴鉴泉传授的吴式太极拳的一些代表性动作创编而成的。在套路设计方面，根据当时比赛的时间要求，以及动作布局的要求，设计得比较合理。我们知道，一般传统套路单侧的动作比较多，比如单鞭、云手，传统套路只有右式动作。在这个套路中，编排时注意了动作的对称，因此布局更加合理，比如有左右单鞭、左右云手。这个套路还兼顾了南北吴式太极拳的风格特点，比如，退步跨虎采用的就是南方的动作。这个套路有45个动作，演练的时间为4～6分钟，当时是我做的技术示范，用了5分50秒钟。

吴式太极拳的主要特点是松静圆活、斜中寓正、川字步型等，有人说它是小架，我认为这要从哪个角度去看，不能笼统地这么认为。要学好吴式太极拳，尤其是在大讲堂上这么短暂的时间里学好，根据我的体会，我认为应该多在基本功上下功夫。有些东西是手法的要求，但是根本的还是要把腰腿功夫掌握好，要定好位。比如川字步型，应该是多大的距离？如果按照运动员比赛的要求，可能就偏大了。如果按照一般的练习者进行养生健身的要求，步子就不宜过大，要大小适中。还有，为什么是川字步型？这里面是有它的道理的。我在讲课时总是跟大家强调，姿势首先要规范，方法要准确。所谓方法就是这个动作为什么要这么做这样练，比如“搂膝拗步”就有它自己独特的练法及使用方法。太极拳虽是慢练拳种，但它毕竟隶属武术运动项目，每个动作都有其技击含义。方法不正确，动作就无法规范。

学习吴式太极拳最容易出现的问题，就是对它的风格特点把握得不准确，比如步子过大、步型不准确。同样是川字步，“搂膝拗步”的步型和“野马分鬃”的步型是有区别的。这是由于这两个动作的使用方法不同、手法不同，所以步子的宽度就不同。现在，吴式太极拳的套路普及得比较好，大家都会练，但是，对一些细节掌握得不好，比较模糊，这样就会影响太极拳技术水平的进一步提高。这次大讲堂，我准备把这些技术细节给大家讲解清楚，让大家对吴式太极拳的概念有一个正确的理解。练习太极拳并不是要学习谁的风格，而是要使自己的动作符合太极拳拳理。

☆ 一读者发来E-mail：吴式太极拳的特点有“守静不妄动”“斜中寓正”“川字步型”等，能否请名家老师具体讲述一下这些特点？为什么吴式太极拳具有这些特点？它们和太极拳普遍特点有什么样的关系？

★ **刘伟答：**谈到吴式太极拳的特点，首先要明白太极拳的普遍特点，那就是松静、柔化、柔中寓刚、刚柔相济。吴式太极拳是在具备了太极拳的普遍特点的基础上，有自己的特色，那就是“守静不妄动”“斜中寓正”和“川字步型”。

“守静不妄动”应该是太极拳的一个基本特点，整个内家拳都是这么要求的，只是吴式太极拳更强调这一点，更强调柔化。太极拳是以静为本，以动为用。动是在静的基础上进行的，所谓动，是不能盲目地动，不能乱动，要因敌变化而动，动要有法。静也是相对来讲的，静也不是完全的不动。吴式太极拳是偏柔一些的，对静的理解可能要更细致一些，更全面一些。

“川字步型”在吴式太极拳中是一个比较典型的步型。所谓“川字步型”，是指后脚的方向和前脚的方向一致，呈“川”字形。主要是为了有利于重心虚实的变化，有利于分清虚实。“川字步型”不是一个虚步的过程，而是一个弓步的过程，比如做“搂膝拗步”这个式子，“川字步型”就体现得比较明显。这样的步型，有利于重心变化上的虚实分明和进退有序。吴式太极拳的步子一般不是很大，这也是为了步法的灵活。还有，做弓步时，胯一定要合上，合上胯，下面的两脚自然成“川”字。有些拳种在做弓步时，后脚向外有一定的角度，这和吴式太极拳完全不同。吴式太极拳的“川字步型”要求合胯，重心虚实要分明。

由“川字步型”的步法自然在身法上就形成了“斜中寓正”的特点。步型上做到了虚实分明，那么上肢的手型、手法也一定要符合平衡的原理，意念集中在手上一点，势必身法上就会出现些前倾，这就是所谓的“斜”。而“斜中寓正”是说这个前倾是有尺度的，要求鼻尖、膝尖、脚尖三者是在一条垂直线上，鼻尖不能超过这条线，超过去了，重心就落到了前脚掌上。重心靠前，在技击中就很容易被人引进落空，失去重心，这是太极拳的禁忌，这也是我们在单独练习套路时要注意的。

步型和身型，是练习吴式太极拳要注意的两点。练习时首先要掌握太极拳的普遍特点，然后再强调吴式太极拳的自身特点。

☆　北京一读者来信：有人说吴式太极拳是小架。请问如何理解这个“小架”问题？是不是架势紧凑小巧、不舒展的意思？

★　刘伟答：小和大是相互比较而言的。吴式太极拳是从杨式太极拳

演化而来的，相比现在的杨式太极拳，它的架势不是那么宽大舒展。

现在的杨式太极拳是杨澄甫最后定的架势，比较宽大、舒展，气势磅礴。当然，杨式太极拳在其形成发展的过程中，也是有发展变化的，也是有不同特色的。比如杨班侯和杨健侯的拳架就有所区别，杨露禅的拳架也肯定和现在练习的不同。现在流行的是杨澄甫定型的大架太极拳。相对于杨澄甫的杨式太极拳，吴式太极拳小巧紧凑，显得不那么舒展，被人称为小架。实际上，无论是杨式太极拳还是吴式太极拳，都应该是小而不小，大而不大；大中显出紧密，小中透出舒展。再有，吴式太极拳的立圆比较多，像个立着旋转的车轮，而杨式太极拳基本以横向的平圆为主，像个平面旋转的磨盘。这两种不同的运动方式，使杨式太极拳显得宽大舒展，吴式太极拳则显得相对紧凑小巧。

最后，我要强调一下：太极拳是武术，各种流派的产生是时代的发展变革、个人的禀赋条件，以及对太极拳的理解等多方面的因素造成的，是通过实践产生的。学习太极拳，要尽量理解当时创编者的思想意图，这样才能全面理解太极拳。

☆ 上海读者来信：现在流传的吴式太极拳有北方王茂斋先生传授的套路和南方吴鉴泉先生传授的套路，请问这两个套路有什么区别？各自有什么特点？

★ **刘伟答：**我认为，王茂斋和吴鉴泉传授的太极拳在风格上大体上是一样的，但是，由于个人的禀赋不同，身体条件不同，又有一些细微的差别。吴鉴泉先生的太极拳是家传，功夫非常高，现在我们还能看到他的拳

照，确实功夫扎实。王茂斋先生的拳照我没有见过，但是看到过他的徒弟杨禹廷先生的拳照。我觉得，北京这边传授的吴式太极拳受京城文化的影响，有自己的特点，那就是中规中矩、四平八稳、非常大气。这可能与北京的地理人文有关，在京城传授的武术拳种，一般都是很端正、很大气。在一些手法上，吴鉴泉和王茂斋传授的太极拳有一些细微的差别，比如搂膝拗步、打虎势、退步跨虎等，做法上有些不同，但是它们的主要风格特点是一致的。产生这些差别的原因，既是由于个人的性格不同，也是由于对拳式技击应用的理解不同。

☆ 河南开封一读者来信：我是练习传统吴式太极拳套路的，四十五式一般只重视外表的动作规格，不重视内在的精气神的表现。请问，练习国家编的吴式太极拳四十五式能否练出太极拳所要求的内功？

★ 刘伟答：首先要明确什么是内功。我认为，意念是内在的，用内在的意念调动外在的形体，这就是内功。内功是通过外在的形体动作来表现的，没有“外功”，空谈所谓的内功，是玄虚的，也是没有意义的。练习太极拳要呼吸自然、动作和顺、姿势正确、方法准确、劲力顺达、神形合一，长期锻炼，就练习出了太极拳的内功。

现在，有一部分人总是这样认为，说传统太极拳套路和现代太极拳不同，传统太极拳重视内在的精气神，现代的四十五式重视外在的动作规格。我认为，传统太极拳和现代太极拳是有一些区别的，但实质上是没有区别的。所谓的现代太极拳并没有脱离开传统太极拳，它只是根据现代竞技比赛的要求，进行了一些改编。因此，不论是练习传统套路还是练习

四十五式，都能练习出内功，前提是练习的方法要正确。

练习太极拳首先要求放松，所谓放松是意念上的放松。四十五式也是如此，只是有时间的要求，不能按照传统太极拳的要求去练习，它是在特定的时间来表现出一些动作，体现太极拳的内涵。如果从练习内功的角度讲，练习方法不同于竞赛表演，可能更偏重于一些单个动作的练习，对这些式子进行研习、揣摩，实际目的就是掌握这个动作的内在规律。我认为这和竞赛训练并不矛盾，练习四十五式也可以抽出单个动作反复练习。再有，一些人原来就是练习传统太极拳的，为了参加比赛学习了一些符合竞赛要求的套路，难道他们就因为练习了四十五式就出不来内功吗？我认为，不论是练习什么套路，只要符合太极拳的规律和特点，就能表达出它的内涵要求，也就能练出内功。练功本身是一个修炼自我的过程，关键是踏踏实实地练功，要达到太极拳的基本要求，不要在意练习的是传统套路还是四十五式上过多地评论。要知道，不是哪一种太极拳好，也不是哪一种太极拳不好，而是要看是否适合你。练功要多从自身上找原因，找到适合自己的练功方式，这样才能锻炼出内功。

☆ 北京读者来信：我是一个中年人，练习吴式太极拳三年了，总感觉自己的功力不够。请问，练习吴式太极拳如何尽快地提高自己的功力水平？在提高功力方面，吴式太极拳有哪些独特的练功方法？

★ **刘伟答：**太极拳的功力包括两个方面：一个是练习拳架套路的功力；另一个是推手技击的功力。练拳盘架子的功力和推手的功力表现是不同的。前者表现在功架稳健、劲力饱满、连绵不断、柔中寓刚；后者体现在

搭手时反应速度快，变化快，不丢不顶，达到引进落空，不期然而然的境界。太极拳要求的是借力使力，不追求一掌能把对方打出多远，但是也不要把借力使力看得很玄乎，它是太极拳一种常规的技法功力的体现。

不管是哪一方面的功夫，都应该在基本功上下功夫。在基本功的练习中，要多找虚实的变化。只有更好地了解了自己的虚实，才能更好地支配自己身体动作的变化，才能达到有心求柔、无意成刚。提高功力，不能急功近利。拳论说：“尚气者无力，养气者纯刚。”要通过日久天长的练功，不断地积累，才能达到去僵求柔、积柔成刚。

还有，太极拳不是让你学会不使劲，而是让你学会怎么调动自己的力量。你不了解自己有多少力量，就无法合理支配自己的力量。所以，练习太极拳首先有一个了解自己的过程，然后才能自然而然地增长功力。练功有多种方式，可以盘架子，也可以站桩，还可以进行单式练习。吴式太极拳的练功方法在于它的步型、步法、身形、身法的练习，因为它是以柔化见长的，所以在步型、步法、身形、身法上要求比较高，训练也比较多。因为是以柔化见长，这就需要松的功夫。松和软要分清楚，松不是软。松是上肢轻灵，下肢稳固，虚实又能够灵活转换，进退的时候不摇晃，不前俯后仰。做到松，要以腰为轴，虚实分明。吴式太极拳在身法上有些前倾，这是为了大虚大实，也有一些为提高上肢力量的训练，比如推手、抖杆子等，都可以提高功力。练习都要求在意念的带动下进行，应该循序渐进。

★全佑★吴鉴泉、王茂斋、郭松亭、常远亭、夏公甫、齐格忱、英杰臣……★杨禹廷、王子英、赵铁庵、张继之、彭仁轩、修丕勋、王历
生、李子固、刘光斗、郑和春、曹幼甫、吴公仪、吴公藻、吴英华、马岳梁、吴耀宗、徐致一、赵铁庵、赵寿村、葛馨吾、王志群、吴图南、吴
桐、金寿章、金云峰……★赵安祥、李砚之、李经梧、孙枫秋、王培生、赵任情、郑时敏、冯士英、张福有、王辉璞、马汉清、戴玉三、李
秉慈、翁福麒、刘秀峰、陈云涛、李星峰、周学鳌、傅作义、楚溪春、赵君迈、叶浅予、戴爱莲、张云溪、曾维琪、白玉玺、刘晚苍、修良、
修占、孙南馨、吴大揆、吴大齐、吴雁霞、马海龙、马江豹……★马长勋、王举兴、魏东振、刘德启、梁秀珍、刘伟、宗维洁、童红云、

、刘光斗、郑和春、曹幼甫、陈子和、王步曾、董焕堂、易仲贤、张继芝、李文杰、文朗清、吴季康、吴公仪、吴公藻、吴英华、马岳梁、吴耀宗、徐致一、赵铁庵、
村、葛馨吾、王志群、吴图南、吴桐、金寿章、金云峰等。★第四代传人赵安祥、李砚之、李经梧、孙枫秋、王培生、赵任情、郑时敏、冯士英、张福有、王辉璞、马
戴玉三、李秉慈、翁福麒、刘秀峰、陈云涛、李星峰、周学鳌、傅作义、楚溪春、赵君迈、叶浅予、戴爱莲、张云溪、曾维琪、白玉玺、刘晚苍、修良、修占、孙南馨
大揆、吴大齐、吴雁霞、马海龙、马江豹等。★第五代传人马长勋、王举兴、魏东振、刘德启、梁秀玲、刘伟、宗维洁、童红云、王晓燕、项国员、刘玉兰、冯益健、
明、李树峻、王大勇、谷平海、吕德和、王乃昭、王乃相、周世勤、高壮飞、关振军、张全亮、王凤锁、潘淑仪、陈湘陵、梁宝根、赵振生、刘亚非、徐徒翔、刘兴基、
生、张旭初、马金龙、张耀忠、刘峻骧、张鸿诚、马文钊、吴光宇等。★吴式太极拳轻静柔化，紧凑舒伸，川字步型，斜中寓正。★第一式起势第二式右揽雀尾
三式左单鞭第四式提手上势第五式白鹤亮翅第六式左右搂膝拗步第七式手挥琵琶第八式进步搬拦捶第九式如封似闭第十式十字手第十一
揽雀尾第十二式右单鞭第十三式右下势第十四式金鸡独立第十五式左右倒卷肱第十六式右海底针第十七式左闪通背第十八式撇身捶第十九式
看捶第二十式左右野马分鬃第二十一式玉女穿梭第二十二式左云手第二十三式右高探马第二十四式右分脚第二十五式左分脚第二十六式左右
第二十七式右蹬脚第二十八式双峰贯耳第二十九式斜飞势第三十式右迎面掌第三十一式十字拍脚第三十二式搂膝左栽捶第三十三式左海底针
四式右闪通背第三十五式右云手第三十六式左高探马第三十七式回身指裆捶第三十八式左下势第三十九式上步七星第四十式退步跨虎第四十一
迎面掌第四十二式转身摆莲第四十三式弯弓射虎第四十四式退步搬拦捶第四十五式收势★吴式太极拳创于全佑。★第二代传人吴鉴泉、王茂斋、
亭、常远亭、夏公甫、齐阁臣等。★第三代传人杨禹廷、王子英、赵铁庵、张继之、彭仁轩、修丕勋、王历生、李子固、刘光斗、郑和春、曹幼甫、陈子和、王步曾、
堂、易仲贤、张继芝、李文杰、文朗清、吴季康、吴公仪、吴公藻、吴英华、马岳梁、吴耀宗、徐致一、赵铁庵、赵寿村、葛馨吾、王志群、吴图南、吴桐、金寿章、金
等。★第四代传人赵安祥、李砚之、李经梧、孙枫秋、王培生、赵任情、郑时敏、冯士英、张福有、王辉璞、马汉清、戴玉三、李秉慈、翁福麒、刘秀峰、陈云涛、李
周学鳌、傅作义、楚溪春、赵君迈、叶浅予、戴爱莲、张云溪、曾维琪、白玉玺、刘晚苍、修良、修占、孙南馨、吴大揆、吴大齐、吴雁霞、马海龙、马江豹等。★
代传人马长勋、王举兴、魏东振、刘德启、梁秀玲、刘伟、宗维洁、童红云、王晓燕、项国员、刘玉兰、冯益健、冯志明、李树峻、王大勇、谷平海、吕德和、王乃昭、
相、周世勤、高壮飞、关振军、张全亮、王凤锁、潘淑仪、陈湘陵、梁宝根、赵振生、刘亚非、徐徒翔、刘兴基、梅墨生、张旭初、马金龙、张耀忠、刘峻骧、张鸿诚、
钊、吴光宇等。★吴式太极拳轻静柔化，紧凑舒伸，川字步型，斜中寓正。★第一式起势第二式右揽雀尾第三式左单鞭第四式提手上势第五式白鹤亮
第六式左右搂膝拗步第七式手挥琵琶第八式进步搬拦捶第九式如封似闭第十式十字手第十一式左揽雀尾第十二式右单鞭第十三式右下势
四式金鸡独立第十五式左右倒卷肱第十六式右海底针第十七式左闪通背第十八式撇身捶第十九式肘低看捶第二十式左右野马分鬃第二十一式玉
女穿梭第二十二式左云手第二十三式右高探马第二十四式右分脚第二十五式左分脚第二十六式左右打虎第二十七式右蹬脚第二十八式双峰贯耳
二十九式斜飞势第三十式右迎面掌第三十一式十字拍脚第三十二式搂膝左栽捶第三十三式左海底针第三十四式右闪通背第三十五式右云手第三十六
高探马第三十七式回身指裆捶第三十八式左下势第三十九式上步七星第四十式退步跨虎第四十一式左迎面掌第四十二式转身摆莲第四十三式弯弓
第四十四式退步搬拦捶第四十五式收势★吴式太极拳创于全佑。★第二代传人吴鉴泉、王茂斋、郭松亭、常远亭、夏公甫、齐阁臣等。★第三代传人
廷、王子英、赵铁庵、张继之、彭仁轩、修丕勋、王历生、李子固、刘光斗、郑和春、曹幼甫、陈子和、王步曾、董焕堂、易仲贤、张继芝、李文杰、文朗清、吴季康、
仪、吴公藻、吴英华、马岳梁、吴耀宗、徐致一、赵铁庵、赵寿村、葛馨吾、王志群、吴图南、吴桐、金寿章、金云峰等。★第四代传人赵安祥、李砚之、李经梧、孙
王培生、赵任情、郑时敏、冯士英、张福有、王辉璞、马汉清、戴玉三、李秉慈、翁福麒、刘秀峰、陈云涛、李星峰、周学鳌、傅作义、楚溪春、赵君迈、叶浅予、戴
张云溪、曾维琪、白玉玺、刘晚苍、修良、修占、孙南馨、吴大揆、吴大齐、吴雁霞、马海龙、马江豹等。★第五代传人马长勋、王举兴、魏东振、刘德启、梁秀玲
伟、宗维洁、童红云、王晓燕、项国员、刘玉兰、冯益健、冯志明、李树峻、王大勇、谷平海、吕德和、王乃昭、王乃相、周世勤、高壮飞、关振军、张全亮、王凤锁
淑仪、陈湘陵、梁宝根、赵振生、刘亚非、徐徒翔、刘兴基、梅墨生、张旭初、马金龙、张耀忠、刘峻骧、张鸿诚、马文钊、吴光宇等。★吴式太极拳轻静柔化，紧凑
川字步型，斜中寓正。★第一式起势第二式右揽雀尾第三式左单鞭第四式提手上势第五式白鹤亮翅第六式左右搂膝拗步第七式手挥琵琶
式进步搬拦捶第九式如封似闭第十式十字手第十一式左揽雀尾第十二式右单鞭第十三式右下势第十四式金鸡独立第十五式左右倒卷肱第十六
海底针第十七式左闪通背第十八式撇身捶第十九式肘低看捶第二十式左右野马分鬃第二十一式玉女穿梭第二十二式左云手第二十三式右高探马
二十四式右分脚第二十五式左分脚第二十六式左右打虎第二十七式右蹬脚第二十八式双峰贯耳第二十九式斜飞势第三十式右迎面掌第三十一式

后记

★全佑★吴鉴泉、王茂斋、郭松亭、常远亭、夏公甫、齐格忱、英杰臣……★杨禹廷、王子英、赵铁庵、张继之、彭仁轩、修丕勋、王历生、李子固、刘光斗、郑和春、曹幼甫、吴公仪、吴公藻、吴英华、马岳梁、吴耀宗、徐致一、赵铁庵、赵寿村、葛馨吾、王志群、吴图南、吴桐、金寿章、金云峰……★赵安祥、李砚之、李经梧、孙枫秋、王培生、赵任情、郑时敏、冯士英、张福有、王辉璞、马汉清、戴玉三、李秉慈、翁福麒、刘秀峰、陈云涛、李星峰、周学鳌、傅作义、楚溪春、赵君迈、叶浅予、戴爱莲、张云溪、曾维琪、白玉玺、刘晚苍、修良、修占、孙菊蓉、吴大揆、吴大齐、吴雁霞、马海龙、马江豹……★马长勋、王举兴、魏东辰、刘德普、梁秀多、刘伟、宋佳吉、翁江云、王尧

《全民健身计划（2016－2020年）》指出，实施全民健身计划是国家的重要发展战略，要以增强人民体质、提高健康水平为根本目标。在当前中共中央倡导文化大繁荣、大发展的时代背景下，传统文化逐渐回归，人们对自我健康日益珍视。

吴式太极拳，国家级非物质文化遗产，其起源有据、承传有序、技法独特、理论完备、传播广泛。人们通过各种渠道参与、学习、体会这一传统文化的结晶，用来调整身体与心态，并从中各取所需，学有所得，体中感悟，以达健康和谐。

为了让吴式太极拳这一传统文化在健身、修心、养生、悟道以及在当今和未来社会产生其正能量的作用，笔者根据几十年学习、体验、交流、教学、训练等亲身感受，在既符合太极拳原理又适应当代需要的原则下，提高一些理论和体悟，以期让吴式太极拳更好地为全民健身、为大众健康服务。

此书在经过数年整理和多次修改的过程中，笔者得到诸多前辈的指点，还有友人李彩玲、刘泉、陈功、李平、王涛、杨静、龚建新、白玉杰、董自强等的大力支持，学生鲁鹏、李晖、王冰、赵洪锋、付威、王茹、黄智子、王巾轩、李岩、杨凯军等的协助，谨此向大家表示衷心感谢！

愿与大家共同探讨太极拳科学，取得更好的成绩。

刘　伟

2017年1月于北京

图书在版编目(CIP)数据

吴式太极拳标准宝典／刘伟编著；刘泉策划．--
北京：人民体育出版社，2017（2019.3.重印）
ISBN 978-7-5009-5241-1

Ⅰ．①吴… Ⅱ．①刘… ②刘… Ⅲ．①吴式太极拳－
套路（武术） Ⅳ．①G852.11

中国版本图书馆CIP数据核字(2017)第214784号

吴式太极拳标准宝典

⊙人民体育出版社出版发行
⊙中国铁道出版社印刷厂印刷
⊙新华书店经销

⊙ISBN 978-7-5009-5241-1
⊙787×1092 16开本 17.5印张 228千字
⊙2017年10月第1版
⊙2019年3月第2次印刷
⊙印数：4,001-6,000册

定价：55.00元

⊙社址：北京市东城区体育馆路8号（天坛公园东门）
⊙网址：www.sportspublish.cn
⊙邮编：100061
⊙电话：010-67151482（发行部）
⊙传真：010-67151483
⊙邮购：010-67118491
（购买本社图书，如遇有缺损页可与邮购部联系）

刘伟太极工作室

编著／刘　伟

策划编辑／刘　泉

责任编辑／新茗砚　李彩玲

美术编辑／刘　泉

摄影／陈　功

★全佑★吴鉴泉王茂斋郭松亭常远亭夏公甫齐格忱英杰臣★杨禹廷王子英赵铁庵张继之彭仁轩修丕勋王历生李子固刘光斗郑和春曹幼甫吴公仪吴公藻吴英华马岳梁吴耀宗徐致一赵铁庵赵寿村葛馨吾王志群吴图南吴桐金寿章金云峰★赵安祥李砚之李经梧孙枫秋王培生赵任情郑时敏冯士英张福有王辉璞马汉清戴玉三李秉慈翁福麒刘秀峰陈云涛李星峰周学鳌傅作义楚溪春赵君迈叶浅予戴爱莲张云溪曾维琪白玉玺刘晚苍修良修占孙南馨吴大揆吴大齐吴雁霞马海龙马江豹★马长勋王举兴魏东振刘德启梁秀珍刘伟宗维洁童红云王晓燕项国员刘玉兰冯益健冯志明李树峻王大勇谷平海吕德和王乃昭王乃相周世勤高壮飞关振军张全亮王凤锁潘淑仪陈湘陵梁宝根赵振生刘亚非徐徒翔刘兴基梅墨生张旭初马金龙张耀忠刘峻骧张鸿诚马文钊吴光宇……★

第一式起势　第二式右揽雀尾　第三式左单鞭　第四式提手上势　第五式白鹤亮翅　第六式左右搂膝拗步　第七式手挥琵琶　第八式进步搬拦捶　第九式如封似闭　第十式十字手　第十一式左揽雀尾　第十二式右单鞭　第十三式右下势　第十四式金鸡独立　第十五式左右倒卷肱　第十六式右海底针　第十七式左闪通背　第十八式撇身捶　第十九式肘底看捶　第二十式左右野马分鬃　第二十一式玉女穿梭　第二十二式左云手　第二十三式右高探马　第二十四式右分脚　第二十五式左分脚　第二十六式左右打虎　第二十七式右蹬脚　第二十八式双峰贯耳　第二十九式斜飞势　第三十式右迎面掌　第三十一式十字拍脚　第三十二式搂膝左栽捶　第三十三式左海底针　第三十四式右闪通背　第三十五式右云手　第三十六式左高探马　第三十七式回身指裆捶　第三十八式左下势　第三十九式上步七星　第四十式退步跨虎　第四十一式左迎面掌　第四十二式转身摆莲　第四十三式弯弓射虎　第四十四式退步搬拦捶　第四十五式收势

招熟渐悟懂劲

懂劲阶及神明

★全佑★吴鉴泉王茂斋郭松亭常远亭夏公甫齐格忱英杰臣★杨禹廷王
子英赵铁庵张继之彭仁轩修不勋王历生李子固刘光斗郑和春曹幼甫吴
公仪吴公藻吴英华马岳梁吴耀宗徐致一赵铁庵赵寿村葛馨吾王志群
吴图南吴桐金寿章金云峰★赵安祥李砚之李经梧孙枫秋王培生赵任
情郑时敏冯士英张福有王辉璞马汉清戴玉三李秉慈翁福麒刘秀峰陈
云涛李星峰周学鳌傅作义楚溪春赵君迈叶浅予戴爱莲张云溪曾维琪
白玉玺刘晚苍修良修占孙南馨吴大揆吴大齐吴雁霞马海龙马江豹★
马长勋王举兴魏东振刘德启梁秀珍刘伟宗维洁童红云王晓燕项国员
刘玉兰冯益健冯志明李树峻王大勇谷平海吕德和王乃昭王乃相周世勤
高壮飞关振军张全亮王凤锁潘淑仪陈湘陵梁宝根赵振生刘亚非徐徒翔
刘兴基梅墨生张旭初马金龙张耀忠刘峻骧张鸿诚马文钊吴光宇……★

轻静柔化

紧凑舒伸

川字步型

斜中寓正